Norbert Berger (Hrsg.)

Materialien Balladen
Klassen 5–11

W0404828

Norbert Berger (Hrsg.)

Materialien Balladen

Klassen 5–11

Ernst Klett Verlag
Stuttgart Düsseldorf Leipzig

Gedruckt auf Papier, das aus chlorfrei gebleichtem Zellstoff hergestellt wurde.

1. Auflage 1 7 6 5 4 | 2001 2000 99 98

Alle Drucke dieser Auflage können im Unterricht nebeneinander benutzt werden, sie sind untereinander unverändert. Die letzte Zahl bezeichnet das Jahr dieses Druckes.
Alle Rechte vorbehalten.
Fotomechanische Wiedergabe nur mit Genehmigung des Verlages.
© Ernst Klett Verlag für Wissen und Bildung GmbH, Stuttgart 1991
Internetadresse: http://www.klett.de
Satz und Druck: Wilhelm Röck, Weinsberg
Einbandgestaltung: Zembsch' Werkstatt, München
ISBN 3-12-269090-X

Inhalt

1. Sequenz: Kennzeichen der Ballade

2. Sequenz: Typologie der Ballade

3. Sequenz: Geschichte der Ballade

1. Sequenz: Kennzeichen der Ballade

1 Adelbert von Chamisso: Das Riesen-Spielzeug

Burg Niedeck ist im Elsaß der Sage wohlbekannt,
Die Höhe, wo vor Zeiten die Burg der Riesen stand;
Sie selbst ist nun verfallen, die Stätte wüst und leer,
Du fragest nach den Riesen, du findest sie nicht mehr.

Einst kam das Riesen-Fräulein aus jener Burg hervor,
Erging sich sonder Wartung und spielend vor dem Tor,
und stieg hinab den Abhang bis in das Tal hinein,
Neugierig zu erkunden, wie's unten möchte sein.

Mit wen'gen raschen Schritten durchkreuzte sie den Wald,
Erreichte gegen Haslach das Land der Menschen bald,
Und Städte dort und Dörfer und das bestellte Feld
Erschienen ihren Augen gar eine fremde Welt.

Wie jetzt zu ihren Füßen sie spähend niederschaut,
Bemerkt sie einen Bauer, der seinen Acker baut;
Es kriecht das kleine Wesen einher so sonderbar,
Es glitzert in der Sonne der Pflug so blank und klar.

„Ei! artig Spielding!“ ruft sie, „das nehm ich mit nach Haus.“
Sie knieet nieder, spreitet behend ihr Tüchlein aus,
Und feget mit den Händen, was da sich alles regt,
Zu Haufen in das Tüchlein, das sie zusammen schlägt;

Und eilt mit freud'gen Sprüngen, man weiß, wie Kinder sind,
Zur Burg hinan und suchet den Vater auf geschwind:
„Ei Vater, lieber Vater, ein Spielding wunderschön!
So Allerliebstes sah ich noch nie auf unsern Höhn.“

Der Alte saß am Tische und trank den kühlen Wein,
Er schaut sie an behaglich, er fragt das Töchterlein:
„Was Zappeliches bringst du in deinem Tuch herbei?
Du hüpfest ja vor Freuden; laß sehen, was es sei.“

Sie spreitet aus das Tüchlein und fängt behutsam an,
Den Bauer aufzustellen, den Pflug und das Gespann;
Wie alles auf dem Tische sie zierlich aufgebaut,
So klatscht sie in die Hände und springt und jubelt laut.

Der Alte wird gar ernsthaft und wiegt sein Haupt und spricht:
„Was hast du angerichtet? das ist kein Spielzeug nicht;
Wo du es hergenommen, da trag es wieder hin,
Der Bauer ist kein Spielzeug, was kommt dir in den Sinn!

Sollst gleich und ohne Murren erfüllen mein Gebot;
Denn, wäre nicht der Bauer, so hättest du kein Brot;
Es sprießt der Stamm der Riesen aus Bauernmark hervor,
Der Bauer ist kein Spielzeug, da sei uns Gott davor!"

Burg Niedeck ist im Elsaß der Sage wohlbekannt,
Die Höhe, wo vor Zeiten die Burg der Riesen stand,
Sie selbst ist nun verfallen, die Stätte wüst und leer,
Und fragst du nach den Riesen, du findest sie nicht mehr.

(aus: Adelbert von Chamisso, Sämtliche Werke, Bd. 1)

2 Holzschnitt zu Chamissos Ballade

(aus: Deutsches Balladenbuch)

3 Brüder Grimm: Das Riesenspielzeug

Im Elsaß auf der Burg Nideck, die an einem hohen Berg bei einem Wasserfall liegt, waren die Ritter vorzeiten große Riesen. Einmal ging das Riesenfräulein herab ins Tal, wollte sehen, wie es da unten wäre, und kam bis fast nach Haslach auf ein vor dem Wald gelegenes Ackerfeld, das gerade von den Bauern bestellt ward. Es blieb vor Verwunderung stehen und schaute den Pflug, die Pferde und Leute an, das ihr alles etwas Neues war. „Ei", sprach sie und ging herzu, „das nehm ich mir mit." Da kniete sie nieder zur Erde, spreitete ihre Schürze aus, strich mit der Hand über das Feld, fing alles zusammen und tat's hinein. Nun lief sie ganz vergnügt nach Haus, den Felsen hinaufspringend; wo der Berg so jäh ist, daß ein Mensch mühsam klettern muß, da tat sie einen Schritt und war droben.

Der Ritter saß gerad am Tisch, als sie eintrat. „Ei, mein Kind", sprach er, „was bringst du da, die Freude schaut dir ja aus den Augen heraus." Sie machte geschwind ihre Schürze auf und ließ ihn hineinblicken. „Was hast du so Zappeliges darin?" – „Ei Vater, gar zu artiges Spielding! So was Schönes hab ich mein Lebtag noch nicht gehabt." Darauf nahm sie eins nach dem andern heraus und stellte es auf den Tisch: den Pflug, die Bauern mit ihren Pferden; lief herum, schaute es an, lachte und schlug vor Freude in die Hände, wie sich das kleine Wesen darauf hin und her bewegte. Der Vater aber sprach: „Kind, das ist kein Spielzeug, da hast du was Schönes angestiftet! Geh nur gleich und trag's wieder hinab ins Tal." Das Fräulein weinte, es half aber nichts. „Mir ist der Bauer kein Spielzeug", sagt der Ritter ernsthaftig, „ich leid's nicht, daß du mir murrst, kram alles sachte wieder ein und trag's an den nämlichen Platz, wo du's genommen hast. Baut der Bauer nicht sein Ackerfeld, so haben wir Riesen auf unserm Felsennest nichts zu leben."

(aus: Brüder Grimm, Deutsche Sagen)

4 Johann Wolfgang von Goethe: Der Zauberlehrling

Hat der alte Hexenmeister
Sich doch einmal wegbegeben!
Und nun sollen seine Geister
Auch nach meinem Willen leben.
Seine Wort' und Werke
Merkt' ich und den Brauch,
Und mit Geistesstärke
Tu' ich Wunder auch.

Walle! walle
Manche Strecke,
Daß zum Zwecke
Wasser fließe,
Und mit reichem, vollem Schwalle
Zu dem Bade sich ergieße!

Und nun komm, du alter Besen!
Nimm die schlechten Lumpenhüllen!
Bist schon lange Knecht gewesen;
Nun erfülle meinen Willen!
Auf zwei Beinen stehe,
Oben sei ein Kopf,
Eile nun und gehe
Mit dem Wassertopf!

Walle! walle
Manche Strecke,
Daß zum Zwecke
Wasser fließe,
Und mit reichem, vollem Schwalle
Zu dem Bade sich ergieße!

Seht, er läuft zum Ufer nieder;
Wahrlich! ist schon an dem Flusse,
Und mit Blitzesschnelle wieder
Ist er hier mit raschem Gusse.
Schon zum zweiten Male!
Wie das Becken schwillt!
Wie sich jede Schale
Voll mit Wasser füllt!

Stehe! stehe!
Denn wir haben
Deiner Gaben
Vollgemessen! –
Ach, ich merk' es! Wehe! wehe!
Hab' ich doch das Wort vergessen!

Ach, das Wort, worauf am Ende
Er das wird, was er gewesen.
Ach, er läuft und bringt behende!
Wärst du doch der alte Besen!
Immer neue Güsse
Bringt er schnell herein,
Ach! und hundert Flüsse
Stürzen auf mich ein.

Nein, nicht länger
Kann ich's lassen;
Will ihn fassen.
Das ist Tücke!
Ach! nun wird mir immer bänger!
Welche Miene! welche Blicke!

O, du Ausgeburt der Hölle!
Soll das ganze Haus ersaufen?
Seh' ich über jede Schwelle
Doch schon Wasserströme laufen.
Ein verruchter Besen,
Der nicht hören will!
Stock, der du gewesen,
Steh doch wieder still!

Willst's am Ende
Gar nicht lassen?
Will dich fassen,
Will dich halten,
Und das alte Holz behende
Mit dem scharfen Beile spalten.

Seht, da kommt er schleppend wieder!
Wie ich mich nun auf dich werfe,
Gleich, o Kobold, liegst du nieder;
Krachend trifft die glatte Schärfe!
Wahrlich, brav getroffen!
Seht, er ist entzwei!
Und nun kann ich hoffen,
Und ich atme frei!

Wehe! wehe!
Beide Teile
Stehn in Eile
Schon als Knechte
Völlig fertig in die Höhe!
Helft mir, ach! ihr hohen Mächte!

Und sie laufen! Naß und nässer
Wird's im Saal und auf den Stufen.
Welch entsetzliches Gewässer!
Herr und Meister! hör' mich rufen! –
Ach, da kommt der Meister!
Herr, die Not ist groß!
Die ich rief, die Geister,
Werd' ich nun nicht los.

„In die Ecke,
Besen! Besen!
Seid's gewesen!
Denn als Geister
Ruft euch nur zu seinem Zwecke
Erst hervor der alte Meister."

(aus: Goethes Werke, Bd. 3. Hamburger Ausgabe)

5 Lukian: Der Lügenfreund

Auf der Rückreise trug es sich zu, daß ein Mann aus Memphis mit uns fuhr, ein Schriftgelehrter von erstaunlicher Weisheit und ein wahrer Adept in allen ägyptischen Wissenschaften. Man sagte von ihm, er habe ganze dreiundzwanzig Jahre in unterirdischen Kammern gelebt und sei während dieser Zeit von der Isis selbst in der Magie unterrichtet worden.

Du sprichst, unterbrach ihn Arignotos, von meinem ehemaligen Lehrer Pankrates? War es nicht ein Mann vom Priesterorden, mit geschorenem Kopfe, der keine anderen als leinene Kleider trug – immer in tiefen Gedanken – sprach sehr reines Griechisch – ein hochgewachsener Mann, mit herabhängender Unterlippe und etwas dünnen Beinen?

Von diesem nämlichen Pankrates, versetzte jener. Anfangs wußte ich nicht, wer er war. Wie ich ihn aber, sooft wir ans Land stiegen, unter anderen wunderbaren Dingen, auf Krokodilen reiten und mitten unter diesen und anderen Seetieren herumschwimmen sah und sah, wie sie Respekt vor ihm hatten und ihm mit dem Schwanze zuwedelten: da merkte ich, daß der Mann was Außerordentliches sein mußte, und suchte ich mich durch ein aufmerksames und gefälliges Betragen bei ihm in Gunst zu setzen. Es gelang mir auch so gut, daß er mich bald wie einen alten Freund behandelte und an allen seinen Geheimnissen teilnehmen ließ. Endlich überredete er mich, meine Leute zu Memphis zu lassen und ihn ganz allein zu begleiten; es würde uns an Bedienung niemals fehlen, sagte er. Ich gehorchte, und seitdem leben wir folgendermaßen: Sobald wir in ein Wirtshaus kamen, nahm er einen hölzernen Türriegel, oder einen Besen, oder den Stößel aus einem hölzernen Mörser, legte ihm Kleider an und sprach ein paar magische Worte dazu. Sogleich wurde der Besen oder was es sonst war, von allen Leuten für einen Menschen wie sie selbst gehalten; er ging hinaus, schöpfte Wasser, besorgte unsere Mahlzeit und wartete uns in allen Stücken so gut auf als der beste Bediente. Sobald wir seine Dienste nicht mehr nötig hatten, sprach mein Mann ein paar andere Worte, und der Besen wurde wieder Besen, der Stößel wieder Stößel wie zuvor. Ich wandte alles mögliche an, daß er mich das Kunststück lehren möchte: aber mit diesem einzigen hielt er hinterm Berge, wiewohl er in allem anderen der gefälligste Mann von der Welt war. Endlich fand ich doch einmal Gelegenheit, mich in einem dunklen Winkel verborgen zu halten und die Zauberformel, die er dazu gebrauchte, aufzuschnappen, indem sie nur aus drei Silben bestand. Er ging darauf, ohne mich gewahr zu werden, auf den Marktplatz, nachdem er dem Stößel befohlen hatte, was zu tun sei. Den folgenden Tag, da er Geschäfte halber ausgegangen war, nehm' ich den Stößel und befehle ihm, Wasser zu holen. Sogleich bringt er mir einen großen Krug voll. Gut, sprach ich, ich brauche kein Wasser mehr, werde wieder zum Stößel! Aber er kehrte sich nicht an meine Reden, sondern fuhr fort, Wasser zu tragen und trug solange, daß endlich das ganze Haus damit angefüllt war. Mir fing an, bange zu werden, Pankrates, wenn er zurückkäme, möcht' es übelnehmen (wie es denn auch geschah), und weil ich mir nicht anders zu helfen wußte, nahm ich eine Axt und hieb den Stößel mitten entzwei. Aber da hatte ich es übel getroffen; denn nun packte jede Hälfte einen Krug an und holte Wasser, so daß ich für einen Wasserträger nun ihrer zwei hatte. Inzwischen kommt mein Pankrates zurück, und wie er sieht, was passiert war, gibt er ihnen ihre vorige Gestalt wieder; er selbst aber machte sich heimlich aus dem Staube, und ich habe ihn nie wiedergesehen.

(aus: Lukian, Sämtliche Werke, Bd. 1)

6 Johann Wolfgang von Goethe: Der Totentanz

Der Türmer, der schaut zu Mitten der Nacht
Hinab auf die Gräber in Lage;
Der Mond, der hat alles ins Helle gebracht;
Der Kirchhof, er liegt wie am Tage.
Da regt sich ein Grab und ein anderes dann:
Sie kommen hervor, ein Weib da, ein Mann,
In weißen und schleppenden Hemden.

Das reckt nun, es will sich ergetzen sogleich,
Die Knöchel zur Runde, zum Kranze,
So arm und so jung, und so alt und so reich;
Doch hindern die Schleppen am Tanze.
Und weil hier die Scham nun nicht weiter gebeut,
Sie schütteln sich alle, da liegen zerstreut
Die Hemdelein über den Hügeln.

Nun hebt sich der Schenkel, nun wackelt das Bein,
Gebärden da gibt es vertrackte;
Dann klippert's und klappert's mitunter hinein,
Als schlüg' man die Hölzlein zum Takte.
Das kommt nun dem Türmer so lächerlich vor;
Da raunt ihm der Schalk, der Versucher, ins Ohr:
Geh! hole dir einen der Laken.

Getan wie gedacht! und er flüchtet sich schnell
Nun hinter geheiligte Türen.
Der Mond, und noch immer er scheinet so hell
Zum Tanz, den sie schauderlich führen.
Doch endlich verlieret sich dieser und der,
Schleicht eins nach dem andern gekleidet einher,
Und, husch, ist es unter dem Rasen.

Nur einer, der trippelt und stolpert zuletzt
Und tappet und grapst an den Grüften;
Doch hat kein Geselle so schwer ihn verletzt,
Er wittert das Tuch in den Lüften.
Er rüttelt die Turmtür, sie schlägt ihn zurück,
Geziert und gesegnet, dem Türmer zum Glück,
Sie blinkt von metallenen Kreuzen.

Das Hemd muß er haben, da rastet er nicht,
Da gilt auch kein langes Besinnen,
Den gotischen Zierat ergreift nun der Wicht
Und klettert von Zinne zu Zinnen.
Nun ist's um den armen, den Türmer getan!
Es ruckt sich von Schnörkel zu Schnörkel hinan,
Langbeinigen Spinnen vergleichbar.

Der Türmer erbleichet, der Türmer erbebt,
Gern gäb er ihn wieder, den Laken.
Da häkelt – jetzt hat er am längsten gelebt –
Den Zipfel ein eiserner Zacken.
Schon trübet der Mond sich verschwindenden Scheins,
Die Glocke, sie donnert ein mächtiges Eins,
Und unten zerschellt das Gerippe.

(aus: Goethes Werke, Bd. 3. Hamburger Ausgabe)

7 Der Aberglaube vom Totentanz

Totentanz. Die Vorstellung vom T., d.h. vom Reigen des Todes mit den Menschen, wie er im späten Mittelalter in bildlicher und dichterischer Darstellung auftritt, wird aus verschiedenen Wurzeln abgeleitet. Die wichtigste ist der alte Volksglaube vom Reigen der Toten, die als gefährliche Wiedergänger die Lebenden in ihren Kreis ziehen wollen. ... In verschiedenen Sagen tanzen die Toten um Mitternacht auf dem Friedhof oder in der Kirche ...
Oft ist die Sage von den auf dem Friedhof tanzenden Toten mit dem Motiv vom Raub des Totenhemds verknüpft (s. Totengewand) ... Im Mittelalter ist dieses Tanzen der Toten wohl gerne dargestellt worden, weil es besonders drastisch und schreckhaft wirkte. Das Tanzen der Toten auf dem Friedhof ist wie der Gottesdienst der Toten um Mitternacht als eine Art Nachahmung des diesseitigen Lebens aufzufassen, ein Fest der Gemeinschaft der Toten. Manchmal wird es auch anders gedeutet, nämlich als Strafe für verbotenes Tanzen während des Lebens.

(aus: Handwörterbuch des deutschen Aberglaubens, Bd. 8)

8 Holzschnitt zum Totentanz

(aus: Hartmann Schedels Weltchronik)

9 Die Sage vom Totentanz

Der Totentanz. Der Küster in Hagenow sah einst vom Turme aus die Toten um Mitternacht aus ihren Gräbern kommen, auf dem Kirchhof tanzen und knixen und einander fragen „Wo lang is di din Kitt?" Der Küster parodierte diese Worte, indem er rief „Wo lang is di din Schritt?" Da kamen die Gespenster heraufgeklettert, der Küster zieht die Glocke, daß sie Eins schlägt, und alsbald kehren die Toten um und schlüpfen in ihre Gräber zurück; der Küster aber starb am dritten Tage darnach. *(Mecklenburg)*

(aus: Leander Petzoldt, Deutsche Volkssagen)

10 Theodor Fontane: Gorm Grymme

König Gorm herrscht über Dänemark,
Er herrscht die dreißig Jahr,
Sein Sinn ist fest, seine Hand ist stark,
Weiß worden ist nur sein Haar,
Weiß worden sind nur seine buschigen Brau'n,
Die machten manchen stumm,
In Grimme liebt er drein zu schaun, –
Gorm Grymme heißt er drum.

Und die Jarls kamen zum Feste des Jul,
Gorm Grymme sitzt im Saal,
Und neben ihm sitzt, auf beinernem Stuhl,
Thyra Danebod, sein Gemahl;
Sie reichen einander still die Hand
Und blicken sich an zugleich,
Ein Lächeln in beider Augen stand –
Gorm Grymme, was macht dich so weich?

Den Saal hinunter, in offner Hall',
Da fliegt es wie Locken im Wind,
Jung-Harald spielt mit dem Federball,
Jung-Harald, ihr einziges Kind,
Sein Wuchs ist schlank, blond ist sein Haar,
Blau-golden ist sein Kleid,
Jung-Harald ist heut fünfzehn Jahr,
Und sie lieben ihn allbeid'.

Sie lieben ihn beid'; eine Ahnung bang
Kommt über die Königin,
Gorm Grymme aber den Saal entlang
Auf Jung-Harald deutet er hin,
Und er hebt sich zum Sprechen – sein Mantel rot
Gleitet nieder auf den Grund:
„Wer je mir spräche ‚er ist tot',
Der müßte sterben zur Stund'!"

Und Monde gehn. Es schmolz der Schnee,
Der Sommer kam zu Gast,
Dreihundert Schiffe fahren in See,
Jung-Harald steht am Mast,
Er steht am Mast, er singt ein Lied,
Bis sich's im Winde brach,
Das letzte Segel, es schwand, es schied –
Gorm Grymme schaut ihm nach.

Und wieder Monde. Grau-Herbstestag
Liegt über Sund und Meer,
Drei Schiffe mit mattem Ruderschlag
Rudern heimwärts drüber her;
Schwarz hängen die Wimpel; auf Brömsebro-Moor
Jung-Harald liegt im Blut –
Wer bringt die Kunde vor Königs Ohr?
Keiner hat den Mut.

Thyra Danebod schreitet hinab an den Strand,
Sie hatte die Segel gesehn;
Sie spricht: „Und bangt sich euer Mund,
Ich meld' ihm, was geschehn."
Ab legt sie ihr rotes Korallengeschmeid'
Und die Gemme von Opal,
Sie kleidet sich in ein schwarzes Kleid
Und tritt in Hall' und Saal.

In Hall' und Saal. An Pfeiler und Wand
Goldteppiche ziehen sich hin,
Schwarze Teppiche nun mit eigener Hand
Hängt drüber die Königin,
Und sie zündet zwölf Kerzen, ihr flackernd Licht,
Es gab einen trüben Schein,
Und sie legt ein Gewebe, schwarz und dicht,
Auf den Stuhl von Elfenbein.

Ein tritt Gorm Grymme. Es zittert sein Gang,
Er schreitet wie im Traum,
Er starrt die schwarze Hall' entlang,
Die Lichter, er sieht sie kaum,
Er spricht: „Es weht wie Schwüle hier,
Ich will an Meer und Strand,
Reich meinen rot-goldenen Mantel mir
Und reiche mir deine Hand."

Sie gab ihm um einen Mantel dicht,
Der war nicht golden, nicht rot,
Gorm Grymme sprach: „Was niemand spricht,
Ich sprech' es: er ist tot."
Er setzte sich nieder, wo er stand,
Ein Windstoß fuhr durchs Haus,
Die Königin hielt des Königs Hand,
Die Lichter loschen aus.

(aus: Theodor Fontane, Sämtliche Werke, Bd. 20)

11 Auszug aus Friedrich Dahlmanns Geschichte von Dänemark

Gorms Gemahlin war Thyra, die Tochter eines Christen Harald Klaks, den man zu einem Grafen von Holstein macht. So hatte König Heinrichs Gemahlin Mathildis eine Mutter, die aus dem Dänischen Friesland stammte. Die nordische Sage aber verherrlicht diese Königin Thyra, nennt sie Dänentrost (Danebod), ihren Sohn Knud Dänenlust (Danast) und legt ihr die Erbauung des Danewirk bei, denn Gottfried der wirkliche Erbauer, blieb der Sage unbekannt. Schön erfunden ist die Erzählung der Isländer von den Söhnen des königlichen Ehepaares. Beide, Knud und Harald – so hießen sie nach ihren Großvätern von Vater- und Mutterseite – liebten sich nicht; denn des alten Vaters Neigung hing allein an Knud seinem Ältesten. Gorm schwur, wer ihm seines Lieblings Tod melden würde, solle sterben. Knud und Harald aber trafen einmal auf einem ihrer Seezüge zufällig am Limfiord zusammen, Harald war stärker an Schiffen, er griff an und erschlug den Bruder. Thyra sprach: „Zwei Habichte stießen auf einander, der graue hat den weißen getödtet.“ Gorm verstand die Rede nicht. Nun ließ Thyra den königlichen Saal mit schwarzen und aschgrauen Teppichen bekleiden und legte Trauergewand an. Da rief Gorm: „Gewiß ist mein Sohn Knud todt.“ Da sprach Thyra: „Du selber und kein Anderer, hast es Dir verkündigt.“ Knud Danast hinterließ einen Knaben mit Namen Harald. Gorm aber starb vor Gram. Saxo indeß erzählt, daß Knud bei der Belagerung von Dublin umkam, und eine Sage von seinem Tode in England ging bei den Isländern. Gorms des Alten Tod wird mit dem Tode des großen Königs Heinrich ungefähr zusammenfallen, Dännemarks Stiftung mit Deutschlands Wiedergenesung.

(aus: Friedrich Dahlmann, Geschichte von Dänemark)

12 Bertolt Brecht: Der Schneider von Ulm
(Ulm 1592)

Bischof, ich kann fliegen
Sagte der Schneider zum Bischof.
Paß auf, wie ich's mach!
Und er stieg mit so 'nen Dingen
Die aussahn wie Schwingen
Auf das große, große Kirchendach.

Der Bischof ging weiter.
Das sind lauter so Lügen
Der Mensch ist kein Vogel
Es wird nie ein Mensch fliegen
Sagte der Bischof vom Schneider.

Der Schneider ist verschieden
Sagten die Leute dem Bischof.
Es war eine Hatz.
Seine Flügel sind zerspellet
Und er liegt zerschellet
Auf dem harten, harten Kirchenplatz.

Die Glocken sollen läuten
Es waren nichts als Lügen
Der Mensch ist kein Vogel
Es wird nie ein Mensch fliegen
Sagte der Bischof den Leuten.

(aus: Bertolt Brecht, Gesammelte Werke in 20 Bänden, Bd. 9)

13 Bericht des Christian Wachter über den Flugversuch

Den zweiten Tag, an dem Donnerstag, den 30. Mai, nachmittags, will sich der König ein Vergnügen machen, weil sich ein Bürger von hier, namens Berblinger, ein Schneider seiner Profession, schon eine geraume Zeit zuvor beschäftigt hat, eine Fliegmaschine zu verfertigen, um auf die Ankunft des Königs gänzlich parat zu sein, welches auch geschehen ist. Er bekommt von dem König die Erlaubnis, seine Kunst zu vollbringen, allein es mißlung ihm, wie mehrere tausend Zuschauer da waren, und man glaubte gänzlich, die Minute werde er fliegen, so brach ihm ein Flügel entzwei, mußte also seine Kunst plötzlich zurücklassen und seinen zerbrochenen Flügel wieder reparieren. Bis auf den folgenden Tag ist er fertig geworden. Am Freitag, den 31. Mai, unter der Mittagszeit reiten er und zwei Trompeter in der Stadt umher, und der Künstler ruft es selber aus, bis abend vier Uhr wolle er seine Probe mit der Flugmaschine ablegen, und er mußte es tun, aufs Königs Befehl, also wie es ¾ auf 5 Uhr gewesen ist, so wurde er von dem Herzog Heinrich von Wiblingen rauh angesprochen, seine Kunst in Bälde zu vollziehen. Er hat sich ein hölzernes Gestell gemacht, 24 Schuh hoch. Wie man geglaubt hat, es gehe wirklich an das Fliegen, so machte er einen Sprung in die Donau, das ist die ganze Kunst des Schneiders gewesen, denn die Schiffsmannschaft sind schon mit ihren Schiffen paratschaft gestanden, die haben ihn herausgezogen.

(aus: Handschriftliche Chronik des Christian Wachter)

2. Sequenz: Typologie der Ballade

14 Annette von Droste-Hülshoff: Der Knabe im Moor

O schaurig ist's über's Moor zu gehn,
Wenn es wimmelt vom Haiderauche,
Sich wie Phantome die Dünste drehn
Und die Ranke häkelt am Strauche,
Unter jedem Tritt ein Quellchen springt,
Wenn aus der Spalte es zischt und singt.
O schaurig ist's über's Moor zu gehn,
Wenn das Röhricht knistert im Hauche!

Fest hält die Fibel das zitternde Kind
Und rennt als ob man es jage;
Hohl über die Fläche sauset der Wind –
Was raschelt drüben am Haage?
Das ist der gespenstige Gräberknecht,
Der dem Meister die besten Torfe verzecht;
Hu, hu, es bricht wie ein irres Rind!
Hinducket das Knäblein zage.

Vom Ufer starret Gestumpf hervor,
Unheimlich nicket die Föhre,
Der Knabe rennt, gespannt das Ohr,
Durch Riesenhalme wie Speere;
Und wie es rieselt und knittert darin!
Das ist die unselige Spinnerin,
Das ist die gebannte Spinnlenor',
Die den Haspel dreht im Geröhre!

Voran, voran, nur immer im Lauf,
Voran als woll' es ihn hohlen;
Vor seinem Fuße brodelt es auf,
Es pfeift ihm unter den Sohlen
Wie eine gespenstige Melodey;
Das ist der Geigemann ungetreu,
Das ist der diebische Fiedler Knauf,
Der den Hochzeitheller gestohlen!

Da birst das Moor, ein Seufzer geht
Hervor aus der klaffenden Höhle;
Weh, weh, da ruft die verdammte Margreth:
„Ho, ho, meine arme Seele!"
Der Knabe springt wie ein wundes Reh,
Wär' nicht Schutzengel in seiner Näh',
Seine bleichenden Knöchelchen fände spät
Ein Gräber im Moorgeschwehle.

Da mählig gründet der Boden sich,
Und drüben, neben der Weide,
Die Lampe flimmert so heimathlich,
Der Knabe steht an der Scheide.
Tief athmet er auf, zum Moor zurück
Noch immer wirft er den scheuen Blick:
Ja, im Geröhre war's fürchterlich,
O schaurig wars in der Haide!

(aus: Annette von Droste-Hülshoff, Historisch-kritische Ausgabe, Bd. 1)

15 Annette von Droste-Hülshoff: Der Aberglaube der Münsterländer

Der Münsterländer ist überhaupt sehr abergläubisch, sein Aberglaube aber so harmlos, wie er selber. Von Zauberkünsten weiß er nichts, von Hexen und bösen Geistern wenig, obwohl er sich sehr vor dem Teufel fürchtet, jedoch meint, daß dieser wenig Veranlassung finde, im Münsterlande umzugehen. – Die häufigen Gespenster in Moor, Haide und Wald sind arme Seelen aus dem Fegfeuer, deren täglich in vielen tausend Rosenkränzen gedacht wird, und ohne Zweifel mit Nutzen, da man zu bemerken glaubt, daß die „Sonntagsspinnerin" ihre blutigen Arme immer seltener aus dem Gebüsche streckt, der „diebische Torfgräber" nicht halb so kläglich mehr im Moore ächzt und vollends der „kopflose Geiger" seinen Sitz auf dem Waldstege gänzlich verlassen zu haben scheint.

(aus: Annette von Droste-Hülshoff: Historisch-kritische Ausgabe, Bd. 5)

16 Theodor Fontane: Die Brück' am Tay
(28. Dezember 1879)

When shall we three meet again?
Macbeth

„Wann treffen wir drei wieder zusamm?"
„Um die siebente Stund', am Brückendamm."
„Am Mittelpfeiler."
„Ich lösche die Flamm."
„Ich mit."

„Ich komme vom Norden her."
„Und ich vom Süden."
„Und ich vom Meer."

„Hei, das gibt einen Ringelreihn,
Und die Brücke muß in den Grund hinein."

„Und der Zug, der in die Brücke tritt
Um die siebente Stund'?"
„Ei, der muß mit."
„Muß mit."

„Tand, Tand
Ist das Gebilde von Menschenhand!"

*

Auf der *Norder*seite, das Brückenhaus –
Alle Fenster sehen nach Süden aus,
Und die Brücknersleut' ohne Rast und Ruh
Und in Bangen sehen nach Süden zu,
Sehen und warten, ob nicht ein Licht
Übers Wasser hin „Ich komme" spricht,
„Ich komme, trotz Nacht und Sturmesflug,
Ich, der Edinburger Zug."

Und der Brückner jetzt: „Ich seh' einen Schein
Am anderen Ufer. Das muß er sein.
Nun, Mutter, weg mit dem bangen Traum,
Unser Johnie kommt und will seinen Baum,
Und was noch am Baume von Lichtern ist,
Zünd' alles an wie zum heiligen Christ,
Der will heuer *zweimal* mit uns sein, –
Und in elf Minuten ist er herein."

*

Und es war der Zug. Am *Süder*turm
Keucht er vorbei jetzt gegen den Sturm,
Und Johnie spricht: „Die Brücke noch!
Aber was tut es, wir zwingen es doch.
Ein fester Kessel, ein doppelter Dampf,
Die bleiben Sieger in solchem Kampf.
Und wie's auch rast und ringt und rennt,
Wir kriegen es unter, das Element.

Und unser Stolz ist unsre Brück';
Ich lache, denk' ich an früher zurück,
An all den Jammer und all die Not
Mit dem elend alten Schifferboot;
Wie manche liebe Christfestnacht
Hab' ich im Fährhaus zugebracht
Und sah unsrer Fenster lichten Schein
Und zählte und konnte nicht drüben sein."

Auf der Norderseite, das Brückenhaus –
Alle Fenster sehen nach Süden aus,
Und die Brücknersleut' ohne Rast und Ruh
Und in Bangen sehen nach Süden zu;
Denn wütender wurde der Winde Spiel,
Und jetzt, als ob Feuer vom Himmel fiel',
Erglüht es in niederschießender Pracht
Überm Wasser unten ... Und wieder ist Nacht.

*

„Wann treffen wir drei zusamm?"
    „Um Mitternacht, am Bergeskamm."
        „Auf dem hohen Moor, am Erlenstamm."

„Ich komme."
        „Ich mit."
            „Ich nenn' euch die Zahl."
„Und ich die Namen."
            „Und ich die Qual."
„Hei!
        Wie Splitter brach das Gebälk entzwei.«
            „Tand, Tand
Ist das Gebilde von Menschenhand."

(aus: Theodor Fontane, Sämtliche Werke, Bd. 20)

17 Zeitungsbericht über ein Zugunglück auf einer Brücke

Die Brücke zerbrach unter dem Zug: 40 Tote

Bei einem schweren Zugunglück nahe der bengalischen Stadt Idschuri sind mindestens 40 Menschen, nach anderen Meldungen sogar 100, ums Leben gekommen. Die Katastrophe ereignete sich, als fünf Pfeiler einer Brücke nachgaben, während der Zug darüber rollte. Die Verbindungsstücke stürzten in die Tiefe, zwei Waggons wurden etwa 25 Meter tief in einen Fluß geschleudert. Über den genauen Hergang des Unglücks liegen bislang nur Vermutungen vor. Demnach sollen heftige Sturmböen die Brückenkonstruktion erschüttert haben. Ein Eisenbahner aus Idschuri berichtet dagegen, wegen eines Wolkenbruches habe der Lokomotivführer zu spät entdeckt, daß ein entwurzelter Baum auf den Schienen gelegen hatte. Die Retter kamen erst nach vielen Stunden. ap

(aus: Nürnberger Nachrichten vom 24. März 1983)

18 Holzstich der Brücke am Tay, 1879

(bpk, Berlin)

19 Zeitungsberichte vom Zugunglück auf der Tay-Brücke

England. Während eines furchtbaren Windsturms brach am 29. (Dezember 1879) nachts die große Eisenbahnbrücke über den Taystrom in Schottland zusammen, im Moment, als der Zug darüberfuhr. 90 Personen, nach anderen 300, kamen dabei ums Leben, der verunglückte Zug hatte nämlich sieben Wagen, die alle fast voll waren, und er stürzte über 100 Fuß hoch ins Wasser hinunter. Alle 13 Brükkenspannungen sind samt den Säulen, worauf sie standen, verschwunden. Die Öffnung der Brücke ist eine halbe englische Meile lang. Der Bau der Brücke hat seinerzeit 350 000 Pfund Sterling gekostet, und sie wurde im Frühjahr 1878 auf ihre Festigkeit hin geprüft. Bis jetzt waren alle Versuche zur Auffindung der Leichen oder des Trains (= Zug) vergeblich.

(aus: Zürcherische Freitagszeitung vom 2. Januar 1880)

Sturmkatastrophe

England. Die Brücke von Dundee in Schottland über die Mündung des Flusses Tay war eines der gewagtesten und großartigsten Werke. Für senkrechten Druck vollständig richtig berechnet, zog sie sich, in ihrer Länge fast wie ein Drahtseil anzusehen, über die weite Distanz in schwindelnder Höhe über den Wasserspiegel. In der Silvesternacht war nun ein furchtbarer Sturm, so daß die Anwohner es für eine Vermessenheit hielten, wenn der Edinburger Zug die Passage wage. Er wagte sie; aber nach kurzer Zeit sah man gleichsam einen Kometenschweif ins Meer versinken. Die Brücke war auf großer Strecke gebrochen, und der ganze Zug verschwand spurlos in der Tiefe; auch nicht eine Seele erreichte das jenseitige Ufer, und selbst später fand man in den zertrümmerten Wagen nur noch eine Leiche, alle anderen – wenigstens 100 – waren ins Meer weggespült. Offenbar hat der Seitendruck, welchen der Orkan ausübte, den Zug mit der Brücke ins Wasser geworfen.

(aus: Zürcherische Freitagszeitung vom 9. Januar 1880)

20 Shakespeare: Macbeth, 1. Akt, 1. Szene

Erster Aufzug

Erste Szene

Eine Heide; Donner und Blitz
Drei Hexen treten auf

Erste Hexe
Wann kommen wir drei uns wieder entgegen,
Im Blitz und Donner, oder im Regen?

Zweite Hexe
Wenn der Wirrwarr stille schweigt,
Wer der Sieger ist, sich zeigt.

Dritte Hexe
Das ist eh der Tag sich neigt.

Erste Hexe
Wo der Ort?

Zweite Hexe
Die Heide dort.

Dritte Hexe
Da wird Macbeth sein. Fort, fort!
Man hört einen Gesang in der Luft.

(aus: Shakespeares Werke, Bd. 11 [Tempel-Klassiker])

21 Theodor Fontane: John Maynard

John Maynard!

„Wer ist John Maynard?“

„John Maynard war unser Steuermann,
Aus hielt er, bis er das Ufer gewann,
Er hat uns gerettet, er trägt die Kron’,
Er starb für uns, unsre Liebe sein Lohn.
John Maynard.“

Die „Schwalbe“ fliegt über den Eriesee,
Gischt schäumt um den Bug wie Flocken von Schnee,
Von Detroit fliegt sie nach Buffalo –
Die Herzen aber sind frei und froh,
Und die Passagiere mit Kindern und Fraun
Im Dämmerlicht schon das Ufer schaun,
Und plaudernd an John Maynard heran
Tritt alles: „Wie weit noch, Steuermann?“
Der schaut nach vorn und schaut in die Rund’:
„Noch dreißig Minuten ... Halbe Stund.“

Alle Herzen sind froh, alle Herzen sind frei –
Da klingt’s aus dem Schiffsraum her wie Schrei,
„Feuer!“ war es, was da klang,
Ein Qualm aus Kajüt’ und Luke drang,
Ein Qualm, dann Flammen lichterloh,
Und noch zwanzig Minuten bis Buffalo.

Und die Passagiere, buntgemengt,
Am Bugspriet stehn sie zusammengedrängt,
Am Bugspriet vorn ist noch Luft und Licht,
Am Steuer aber lagert sich’s dicht,
Und ein Jammern wird laut: „Wo sind wir? wo?“
Und noch fünfzehn Minuten bis Buffalo.

Der Zugwind wächst, doch die Qualmwolke steht,
Der Kapitän nach dem Steuer späht,
Er sieht nicht mehr seinen Steuermann,
Aber durchs Sprachrohr fragt er an:
„Noch da, John Maynard?“
„Ja, Herr. Ich bin.“
„Auf den Strand! In die Brandung!“
„Ich halte drauf hin.“
Und das Schiffsvolk jubelt: „Halt aus! Hallo!“
Und noch zehn Minuten bis Buffalo.

„Noch da, John Maynard?“ Und Antwort schallt's
Mit ersterbender Stimme: „Ja, Herr, ich halt's!“
Und in die Brandung, was Klippe, was Stein,
Jagt er die „Schwalbe“ mitten hinein.
Soll Rettung kommen, so kommt sie nur so.
Rettung: der Strand von Buffalo.

Das Schiff geborsten. Das Feuer verschwelt.
Gerettet alle. Nur *einer* fehlt!

Alle Glocken gehn; ihre Töne schwell'n
Himmelan aus Kirchen und Kapell'n,
Ein Klingen und Läuten, sonst schweigt die Stadt,
Ein Dienst nur, den sie heute hat:
Zehntausend folgen oder mehr,
Und kein Aug' im Zuge, das tränenleer.

Sie lassen den Sarg in Blumen hinab,
Mit Blumen schließen sie das Grab,
Und mit goldner Schrift in den Marmorstein
Schreibt die Stadt ihren Dankspruch ein:
„Hier ruht John Maynard! In Qualm und Brand
Hielt er das Steuer fest in der Hand,
Er hat uns gerettet, er trägt die Kron',
Er starb für *uns*, unsre Liebe sein Lohn.
John Maynard.“

(aus: Theodor Fontane, Sämtliche Werke, Bd. 20)

22 Zeitungsbericht über einen Brand auf einem Fährschiff

Kampf mit dem Feuer auf hoher See

Zwei Tote bei Brand auf dänischer Passagierfähre

Esbjerg (dpa) – Zwei wahrscheinlich aus Schweden stammende Passagiere sind am Montag bei einem Brand auf der dänischen Nordsee-Fähre *Tor Scandinavia* ums Leben gekommen. Nach Angaben der dänischen Seenotrettungszentrale in Aarhus erlitten mehrere Passagiere und Besatzungsmitglieder Rauchvergiftungen oder andere leichte Verletzungen. Sie wurden mit Hubschraubern in das Krankenhaus von Esbjerg gebracht. Der Brand auf dem mit 550 Passagieren und 120 Besatzungsmitgliedern besetzten Schiff, das auf dem Weg von Göteborg nach Harwich war, wurde erst nach drei Stunden gelöscht.

Der dänische Hubschrauberpilot Tommy Hesselbjerg, der zu den ersten Personen am Unglücksort 90 Seemeilen westlich der dänischen Hafenstadt Esbjerg gehörte, berichtete der Nachrichtenagentur Ritzau, eine große Anzahl von Passagieren habe sich auf dem Achterdeck der Fähre mit angelegten Schwimmwesten versammelt gehabt, um das Schiff notfalls schnell verlassen zu können. Die Besatzung des Schiffes hatte alle Rettungsboote bereits startklar gemacht. Erleichterung brachte vor allem eine während der Löscharbeiten ausgeführte Kursänderung der *Tor Scandinavia*, die verhinderte, daß der Rauch weiter in das Schiff trieb.

Das Feuer auf dem 14 893 Bruttoregistertonnen großen Schiff der dänischen Reederei DFDS, eine der größten Personenfähren in Nordeuropa, war am frühen Morgen aus bisher unbekannter Ursache im Bug in einem Lagerraum für Bettzeug ausgebrochen. Die starke Rauchentwicklung legte dabei die Funkzentrale des Schiffes lahm, so daß der Kapitän mit der Außenwelt lediglich über ein tragbares Funkgerät in Verbindung treten konnte.

(aus: Süddeutsche Zeitung vom 26. 9. 1989)

23 Friedrich Schiller: Die Bürgschaft

Zu Dionys dem Tyrannen schlich
Damon, den Dolch im Gewande,
Ihn schlugen die Häscher in Bande.
„Was wolltest du mit dem Dolche, sprich!“
Entgegnet ihm finster der Wüterich.
„Die Stadt vom Tyrannen befreien!“
„Das sollst du am Kreuze bereuen.“

„Ich bin“, spricht jener, „zu sterben bereit,
Und bitte nicht um mein Leben,
Doch willst du Gnade mir geben,
Ich flehe dich um drei Tage Zeit,
Bis ich die Schwester dem Gatten gefreit,
Ich lasse den Freund dir als Bürgen,
Ihn magst du, entrinn ich, erwürgen.“

Da lächelt der König mit arger List,
Und spricht nach kurzem Bedenken:
„Drei Tage will ich dir schenken.
Doch wisse! Wenn sie verstrichen die Frist,
Eh du zurück mir gegeben bist,
So muß er statt deiner erblassen,
Doch dir ist die Strafe erlassen.“

Und er kommt zum Freunde: „Der König gebeut,
Daß ich am Kreuz mit dem Leben
Bezahle das frevelnde Streben,
Doch will er mir gönnen drei Tage Zeit,
Bis ich die Schwester dem Gatten gefreit,
So bleib du dem König zum Pfande,
Bis ich komme, zu lösen die Bande.“

Und schweigend umarmt ihn der treue Freund,
Und liefert sich aus dem Tyrannen,
Der andere ziehet von dannen.
Und ehe das dritte Morgenrot scheint,
Hat er schnell mit dem Gatten die Schwester vereint,
Eilt heim mit sorgender Seele,
Damit er die Frist nicht verfehle.

Da gießt unendlicher Regen herab,
Von den Bergen stürzen die Quellen,
Und die Bäche, die Ströme schwellen.
Und er kommt ans Ufer mit wanderndem Stab,
Da reißet die Brücke der Strudel hinab,
Und donnernd sprengen die Wogen
Des Gewölbes krachenden Bogen.

Und trostlos irrt er an Ufersrand,
Wie weit er auch spähet und blicket,
Und die Stimme, die rufende, schicket,
Da stößet kein Nachen vom sichern Strand,
Der ihn setze an das gewünschte Land,
Kein Schiffer lenket die Fähre,
Und der wilde Strom wird zum Meere.

Da sinkt er ans Ufer und weint und fleht,
Die Hände zum Zeus erhoben:
„O hemme des Stromes Toben!
Es eilen die Stunden, im Mittag steht
Die Sonne und wenn sie niedergeht,
Und ich kann die Stadt nicht erreichen,
So muß der Freund mir erbleichen."

Doch wachsend erneut sich des Stromes Wut,
Und Welle auf Welle zerrinnet,
Und Stunde an Stunde entrinnet,
Da treibt ihn die Angst, da faßt er sich Mut
Und wirft sich hinein in die brausende Flut,
Und teilt mit gewaltigen Armen
Den Strom, und ein Gott hat Erbarmen.

Und gewinnt das Ufer und eilet fort,
Und danket dem rettenden Gotte,
Da stürzet die raubende Rotte
Hervor aus des Waldes nächtlichem Ort,
Den Pfad ihm sperrend, und schnaubet Mord
Und hemmet des Wanderers Eile
Mit drohend geschwungener Keule.

„Was wollt ihr?" ruft er für Schrecken bleich,
„Ich habe nichts als mein Leben,
Das muß ich dem Könige geben!"
Und entreißt die Keule dem nächsten gleich:
„Um des Freundes willen erbarmet euch!"
Und drei, mit gewaltigen Streichen,
Erlegt er, die andern entweichen.

Und die Sonne versendet glühenden Brand,
Und von der unendlichen Mühe
Ermattet sinken die Kniee:
„O hast du mich gnädig aus Räubershand,
Aus dem Strom mich gerettet ans heilige Land,
Und soll hier verschmachtend verderben,
Und der Freund mir, der liebende, sterben!"

Und horch! da sprudelt es silberhell
Ganz nahe, wie rieselndes Rauschen,
Und stille hält er zu lauschen,
Und sieh, aus dem Felsen, geschwätzig, schnell,
Springt murmelnd hervor ein lebendiger Quell,
Und freudig bückt er sich nieder,
Und erfrischet die brennenden Glieder.

Und die Sonne blickt durch der Zweige Grün,
Und malt auf den glänzenden Matten
Der Bäume gigantische Schatten;
Und zwei Wanderer sieht er die Straße ziehn,
Will eilenden Laufes vorüberfliehn,
Da hört er die Worte sie sagen:
„Jetzt wird er ans Kreuz geschlagen."

Und die Angst beflügelt den eilenden Fuß,
Ihn jagen der Sorge Qualen,
Da schimmern in Abendrots Strahlen
von ferne die Zinnen von Syrakus,
Und entgegen kommt ihm Philostratus,
Des Hauses redlicher Hüter,
Der erkennet entsetzt den Gebieter:

„Zurück! du rettest den Freund nicht mehr,
So rette das eigene Leben!
Den Tod erleidet er eben.
Von Stunde zu Stunde gewartet' er
Mit hoffender Seele der Wiederkehr,
Ihm konnte den mutigen Glauben
Der Hohn des Tyrannen nicht rauben."

„Und es ist zu spät, und kann ich ihm nicht
Ein Retter willkommen erscheinen,
So soll mich der Tod ihm vereinen.
Des rühme der blut'ge Tyrann sich nicht,
Daß der Freund dem Freunde gebrochen die Pflicht,
Er schlachte der Opfer zweie,
Und glaube an Liebe und Treue."

Und die Sonne geht unter, da steht er am Tor
Und sieht das Kreuz schon erhöhet,
Das die Menge gaffend umstehet,
An dem Seile schon zieht man den Freund empor,
Da zertrennt er gewaltig den dichten Chor:
„Mich Henker!" ruft er, „erwürget,
Da bin ich, für den er gebürget!"

Und Erstaunen ergreifet das Volk umher,
In den Armen liegen sich beide,
Und weinen für Schmerzen und Freude.
Da sieht man kein Auge tränenleer,
Und zum Könige bringt man die Wundermär,
Der fühlt ein menschliches Rühren,
Läßt schnell vor den Thron sie führen.

Und blicket sie lange verwundert an,
Drauf spricht er: „Es ist euch gelungen,
Ihr habt das Herz mir bezwungen,
Und die Treue, sie ist doch kein leerer Wahn,
So nehmet auch mich zum Genossen an,
Ich sei, gewährt mir die Bitte,
In eurem Bunde der Dritte."

(aus: Friedrich Schiller: Sämtliche Werke, Bd. 3)

24 Bertolt Brecht: Über Schillers Gedicht „Die Bürgschaft"

O edle Zeit, o menschliches Gebaren!
Der eine ist dem andern etwas schuld.
Der ist tyrannisch, doch er zeigt Geduld
Und läßt den Schuldner auf die Hochzeit fahren.

Der Bürge bleibt. Der Schuldner ist heraus.
Es weist sich, daß natürlich die Natur
Ihm manche Ausflucht bietet, jedoch stur
Kehrt er zurück und löst den Bürgen aus.

Solch ein Gebaren macht Verträge heilig.
In solchen Zeiten kann man auch noch bürgen.
Und, hat's der Schuldner mit dem Zahlen eilig

Braucht man ihn ja nicht allzustark zu würgen.
Und schließlich zeigte es sich ja auch dann:
Am End war der Tyrann gar kein Tyrann!

(aus: Bertolt Brecht, Gesammelte Werke in 20 Bänden, Bd. 9)

25 Heinrich Heine: Belsazar

Die Mitternacht zog näher schon;
In stummer Ruh' lag Babylon.

Nur oben in des Königs Schloß,
Da flackert's, da lärmt des Königs Troß.

Dort oben in dem Königssaal,
Belsazar hielt sein Königsmahl.

Die Knechte saßen in schimmernden Reih'n,
Und leerten die Becher mit funkelndem Wein.

Es klirrten die Becher, es jauchzten die Knecht';
So klang es dem störrigen Könige recht.

Des Königs Wangen leuchten Glut;
Im Wein erwuchs ihm kecker Mut.

Und blindlings reißt der Mut ihn fort;
Und er lästert die Gottheit mit sündigem Wort.

Und er brüstet sich frech, und lästert wild;
Die Knechtenschar ihm Beifall brüllt.

Der König rief mit stolzem Blick;
Der Diener eilt und kehrt zurück.

Er trug viel gülden Gerät auf dem Haupt;
Das war aus dem Tempel Jehovas geraubt.

Und der König ergriff mit frevler Hand
Einen heiligen Becher, gefüllt bis am Rand.

Und er leert ihn hastig bis auf den Grund,
Und rufet laut mit schäumendem Mund:

‚Jehova! dir künd ich auf ewig Hohn, –
Ich bin der König von Babylon!'

Doch kaum das grause Wort verklang,
Dem König ward's heimlich im Busen bang.

Das gellende Lachen verstummte zumal;
Es wurde leichenstill im Saal.

Und sieh! und sieh! an weißer Wand
Da kam's hervor wie Menschenhand;

Und schrieb, und schrieb an weißer Wand
Buchstaben von Feuer, und schrieb und schwand.

Der König stieren Blicks da saß,
Mit schlotternden Knien und totenblaß.

Die Knechtenschar saß kalt durchgraut,
Und saß gar still, gab keinen Laut.

Die Magier kamen, doch keiner verstand
Zu deuten die Flammenschrift an der Wand.

Belsazar ward aber in selbiger Nacht
Von seinen Knechten umgebracht.

(aus: Heinrich Heine, Werke, Bd. 1)

Bukarest: „Ich habe eine wunderbare Nachricht – der Antichrist ist tot“

Eine Nacht, die in die Geschichte eingeht

Von Carl E. Buchalla

Belgrad, 26. Dezember – Für die Bukarester Bürger war es der Beginn der vierten Bürgerkriegsnacht. In den bei den Kämpfen der letzten Tage verwüsteten Straßen der Innenstadt, wo sich immer noch Heckenschützen der Sicherheitspolizei Securitate in Privatwohnungen verschanzt hatten, waren Schüsse zu hören und Feuerstöße aus Maschinenpistolen. Da unterbrach das rumänische Fernsehen, das sich seit Freitag letzter Woche „Televiziunea Romana Libera“ nennt, Fernsehsender des freien Rumänien, sein Programm getragener Konzertmusik mit einer schon lange erwarteten Sondermeldung. „Ich habe eine wunderbare Nachricht an diesem Weihnachtstag“, verkündete der Sprecher mit begeisterter Stimme: „Der Antichrist ist tot.“

Die Meldung, die der Sprecher dann von einem handgeschriebenen Blatt verlas, war kurz und bündig: Nicolae Ceausescu und seine Frau Elena seien von einem Armee-Sondergericht zum Tode verurteilt und unmittelbar nach der Urteilsverkündung erschossen worden.

Das Militärgericht, das an einem geheimgehaltenen Ort tagte, hatte die beiden in mehreren Punkten schuldig gesprochen: des „Völkermords“, dem während der Kämpfe über Weihnachten rund 60 000 Rumänen zum Opfer gefallen seien, der „Subversion“ des Staates während der Ceausescu-Herrschaft, der Zerstörung der Wirtschaft Rumäniens, des Mißbrauchs und der Veruntreuung von Staatsvermögen. Mehr als eine Milliarde Dollar, so das Gericht, hätten Ceausescu, seine Ehefrau und andere Mitglieder des weitverzweigten Familienclans aus dem Land geschafft und auf Auslandskonten angelegt.

Was dann aus dem Bukarester Fernsehstudio gesendet wurde, war die Direktübertragung einer Nacht, die in die Geschichte eingehen wird ...

Immer von neuem kündigte der Sprecher des Bukarester Fernsehens einen wichtigen Filmbeitrag an, der dann, Stunden nach der Bekanntgabe des Urteils gegen Ceausescu, kurz vor Mitternacht gesendet wurde: ein Video-Clip, der der Bevölkerung zweifelsfrei das Ende von Ceausescus Zwangsherrschaft über Rumänien beweisen sollte. Ein gespenstischer Streifen flimmerte über die Mattscheiben – mit Aufnahmen, die inzwischen um die Welt gegangen sind. Mühsam stiegen Ceausescu und seine Frau aus der Ladeluke eines Panzerspähwagens, der sie in das Armeecamp gebracht hatte. Beide trugen noch die gleichen schweren Pelzmäntel, die sie am Leib hatten, als sie am Freitagvormittag letzter Woche fassungslos auf dem Balkon des Präsidentenpalastes in Bukarest miterleben mußten, wie eine aufgebrachte Menschenmenge den Tod des Dikators forderte. Ceausescu, der zuvor vergeblich versucht hatte, die Menge zu beschwichtigen, war dann mit seiner Frau Elena in einem Hubschrauber der Securitate vom Dach des Palastes aus geflohen. Nun zeigte die Kamera die beiden, wie sie mit verkniffenen Gesichtern in einer Lazarettstube der Armee die letzten Prozeduren vor ihrer Hinrichtung über sich ergehen ließen: eine kurze ärztliche Untersuchung, während der ihnen – offenbar von einem Armeerichter, dessen Stimme zu hören, der selbst aber nicht im Bild zu sehen war – die Anklage und das Todesurteil verlesen wurden. Zum erstenmal sahen die Rumänen den allmächtigen Conducator, der sich Gottähnlichkeit angemaßt und mit Alexander dem Großen und Napoleon verglichen hatte, in Hemdsärmeln vor der Kamera stehen: ein unscheinbares, kleines, altes Männchen...

Für den Clan des Diktators Ceausescu kam das Ende 24 Jahre nach dem Aufstieg des Bauernsohns aus dem Provinzstädtchen Scornicesti zu den Höhen unumschränkter Macht. Ceausescu, der im Januar 71 Jahre alt geworden wäre, hatte diese Macht beständig ausgebaut und an ihr die Angehörigen seiner eigenen und der Familie seiner Frau beteiligt: Es war eine Mafia der Macht, die nicht nur die Partei und den Staat, sondern auch die Armee und die Geheimpolizei Securitate kontrollierte, die beiden Säulen, auf welchen die Diktatur von Ceausescus Clan ruhte...

Es war klar, daß diese Diktatur nur gestürzt werden konnte, wenn zumindest eine der beiden sie tragenden Säulen – die Armee oder der Sicherheitsdienst – zusammenbrechen würde. Am Freitag letzter Woche war es soweit, daß die Armee dem Alleinherrscher ihre Gefolgschaft verweigerte. Verteidigungsminister Vasile Milea lehnte es ab, die Armee gegen das in Bukarest demonstrierende Volk einzusetzen.

(aus: Süddeutsche Zeitung vom 27. 12. 1989)

27 Auszug aus dem Buch Daniel über Belsazar

Belsazers Gastmahl

König Belsazer machte ein herrliches Mahl für seine tausend Mächtigen und soff sich voll mit ihnen. Und als er betrunken war, ließ er die goldenen und silbernen Gefäße herbringen, die sein Vater Nebukadnezar aus dem Tempel zu Jerusalem weggenommen hatte, damit der König mit seinen Mächtigen, mit seinen Frauen und mit seinen Nebenfrauen daraus tränke. Da wurden die goldenen und silbernen Gefäße herbeigebracht, die aus dem Tempel, aus dem Hause Gottes zu Jerusalem, weggenommen worden waren; und der König, seine Mächtigen, seine Frauen und Nebenfrauen tranken daraus. Und als sie so tranken, lobten sie die goldenen, silbernen, ehernen, eisernen, hölzernen und steinernen Götter.
Im gleichen Augenblick gingen hervor Finger wie von einer Menschenhand, die schrieben gegenüber dem Leuchter auf die getünchte Wand in dem königlichen Saal. Und der König erblickte die Hand, die da schrieb. Da entfärbte sich der König, und seine Gedanken erschreckten ihn, so daß er wie gelähmt war und ihm die Beine zitterten. Und der König rief laut, daß man die Weisen, Gelehrten und Wahrsager herbeiholen solle. Und er ließ den Weisen von Babel sagen: Welcher Mensch diese Schrift lesen kann und mir sagt, was sie bedeutet, der soll mit Purpur gekleidet werden und eine goldene Kette um den Hals tragen und der Dritte in meinem Königreich sein. Da wurden alle Weisen des Königs hereingeführt, aber sie konnten weder die Schrift lesen noch die Deutung dem König kundtun. Darüber erschrak der König Belsazer noch mehr und verlor seine Farbe ganz, und seinen Mächtigen wurde angst und bange. Da ging auf die Worte des Königs und seiner Mächtigen die Königinmutter in den Saal hinein und sprach: Der König lebe ewig! Laß dich von deinen Gedanken nicht so erschrecken, und entfärbe dich nicht! Es ist ein Mann in deinem Königreich, der den Geist der heiligen Götter hat. Denn zu deines Vaters Zeiten fand sich bei ihm Erleuchtung, Klugheit und Weisheit wie der Götter Weisheit. Und dein Vater, der König Nebukadnezar, setzte ihn über die Zeichendeuter, Weisen, Gelehrten und Wahrsager, weil ein überragender Geist bei ihm gefunden wurde, dazu Verstand und Klugheit, Träume zu deuten, dunkle Sprüche zu erraten und Geheimnisse zu offenbaren. Das ist Daniel, dem der König den Namen Beltschazar gab. So rufe man nun Daniel; der wird sagen, was es bedeutet.
Da wurde Daniel vor den König geführt. Und der König sprach zu Daniel: Bist du Daniel, einer der Gefangenen aus Juda, die der König, mein Vater, aus Juda hergebracht hat? Ich habe von dir sagen hören, daß du den Geist der heiligen Götter habest und Erleuchtung, Verstand und hohe Weisheit bei dir zu finden sei. Nun hab ich vor mich rufen lassen die Weisen und Gelehrten, damit sie mir diese Schrift lesen und kundtun sollen, was sie bedeutet; aber sie können mir nicht sagen, was sie bedeutet. Von dir aber höre ich, daß du Deutungen zu geben und Geheimnisse zu offenbaren vermagst. Kannst du nun die Schrift lesen und mir sagen, was sie bedeutet, so sollst du mit Purpur gekleidet werden und eine goldene Kette um deinen Hals tragen und der Dritte in meinem Königreich sein.

Da fing Daniel an und sprach vor dem König: Behalte deine Gaben und gib dein Geschenk einem andern; ich will dennoch die Schrift dem König lesen und kundtun, was sie bedeutet. Mein König, Gott der Höchste hat deinem Vater Nebukadnezar Königreich, Macht, Ehre und Herrlichkeit gegeben. Und um solcher Macht willen, die ihm gegeben war, fürchteten und scheuten sich vor ihm alle Völker und Leute aus so vielen verschiedenen Sprachen. Er tötete, wen er wollte; er ließ leben, wen er wollte; er erhöhte, wen er wollte; er demütigte, wen er wollte. Als sich aber sein Herz überhob und er stolz und hochmütig wurde, da wurde er vom königlichen Thron gestoßen und verlor seine Ehre und wurde verstoßen aus der Gemeinschaft der Menschen, und sein Herz wurde gleich dem der Tiere, und er mußte bei dem Wild hausen und fraß Gras wie die Rinder, und sein Leib lag unter dem Tau des Himmels und wurde naß, bis er lernte, daß Gott der Höchste Gewalt hat über die Königreiche der Menschen und sie gibt, wem er will. Aber du, Belsazer, sein Sohn, hast dein Herz nicht gedemütigt, obwohl du das alles wußtest, sondern hast dich gegen den Herrn des Himmels erhoben, und die Gefäße seines Hauses hat man vor dich bringen müssen, und du, deine Mächtigen, deine Frauen und deine Nebenfrauen, ihr habt daraus getrunken; dazu hast du die silbernen, goldenen, ehernen, eisernen, hölzernen, steinernen Götter gelobt, die weder sehen noch hören noch fühlen können. Den Gott aber, der deinen Odem und alle deine Wege in seiner Hand hat, hast du nicht verehrt. Darum wurde von ihm diese Hand gesandt und diese Schrift geschrieben. So aber lautet die Schrift, die dort geschrieben steht: *Mene mene tekel u-parsin.*

Und sie bedeutet dies: *Mene,* das ist, Gott hat dein Königtum *gezählt* und beendet. *Tekel,* das ist, man hat dich auf der Waage *gewogen* und zu leicht befunden. *Peres,* das ist, dein Reich ist *zerteilt* und den Medern und *Persern* gegeben. Da befahl Belsazer, daß man Daniel mit Purpur kleiden sollte und ihm eine goldene Kette um den Hals geben; und er ließ von ihm verkünden, daß er der Dritte im Königreich sei. Aber in derselben Nacht wurde Belsazer, der König der Chaldäer, getötet.

28 Blick auf Babylon zur Chaldäerzeit

(aus: Schmöckel, Hartmut: Ur, Assur und Babylon, Tafel 115)

29 Annette von Droste-Hülshoff: Die Vergeltung

I

Der Kapitän steht an der Spiere,
Das Fernrohr in gebräunter Hand,
Dem schwarzgelockten Passagiere
Hat er den Rücken zugewandt.
Nach einem Wolkenstreif in Sinnen
Die Beiden wie zwei Pfeiler sehn,
Der Fremde spricht: „was braut da drinnen?"
„Der Teufel", brummt der Kapitän.

Da hebt von morschen Balkens Trümmer
Ein Kranker seine feuchte Stirn,
Des Aethers Blau, der See Geflimmer,
Ach, Alles quält sein fiebernd Hirn!
Er läßt die Blicke, schwer und düster,
Entlängs dem harten Pfühle gehn,
Die eingegrabnen Worte liest er:
„Batavia. Fünfhundert Zehn."

Die Wolke steigt, zur Mittagsstunde
Das Schiff ächzt auf der Wellen Höhn,
Gezisch, Geheul aus wüstem Grunde,
Die Bohlen weichen mit Gestöhn.
„Jesus, Marie! wir sind verloren!"
Vom Mast geschleudert der Matros',
Ein dumpfer Krach in Aller Ohren,
Und langsam löst der Bau sich los.

Noch liegt der Kranke am Verdecke,
Um seinen Balken fest geklemmt,
Da kömmt die Fluth, und eine Strecke
Wird er in's wüste Meer geschwemmt.
Was nicht geläng' der Kräfte Sporne,
Das leistet ihm der starre Krampf,
Und wie ein Narwall mit dem Horne
Schießt fort er durch der Wellen Dampf.

Wie lange so? er weiß es nimmer,
Dann trifft ein Strahl des Auges Ball,
Und langsam schwimmt er mit der Trümmer
Auf ödem glitzerndem Kristall.
Das Schiff! – die Mannschaft! – sie versanken.
Doch nein, dort auf der Wasserbahn,
Dort sieht den Passagier er schwanken
In einer Kiste morschem Kahn.

Armselge Lade! sie wird sinken,
Er strengt die heisre Stimme an:
„Nur grade! Freund, du drückst zur Linken!“
Und immer näher schwankt’s heran,
Und immer näher treibt die Trümmer,
Wie ein verwehtes Mövennest;
„COURAGE!“ ruft der kranke Schwimmer,
„Mich dünkt ich sehe Land im West!“

Nun rühren sich der Fähren Ende,
Er sieht des fremden Auges Blitz,
Da plötzlich fühlt er starke Hände,
Fühlt wüthend sich gezerrt vom Sitz.
„Barmherzigkeit! ich kann nicht kämpfen.«
Er klammert dort, er klemmt sich hier;
Ein heisrer Schrei, den Wellen dämpfen,
Am Balken schwimmt der Passagier.

Dann hat er kräftig sich geschwungen,
Und schaukelt durch das öde Blau,
Er sieht das Land wie Dämmerungen
Enttauchen und zergehn in Grau.
Noch lange ist er so geschwommen,
Umflattert von der Möve Schrei,
Dann hat ein Schiff ihn aufgenommen,
Viktoria! nun ist er frei!

II

Drei kurze Monde sind verronnen,
Und die Fregatte liegt am Strand,
Wo Mittags sich die Robben sonnen,
Und Bursche klettern über’n Rand,
Den Mädchen ist’s ein Abentheuer
Es zu erschaun vom fernen Riff,
Denn noch zerstört ist nicht geheuer
Das gräuliche Corsarenschiff.

Und vor der Stadt da ist ein Waten,
Ein Wühlen durch das Kiesgeschrill,
Da die verrufenen Piraten
Ein Jeder sterben sehen will.
Aus Strandgebälken, morsch, zertrümmert,
Hat man den Galgen, dicht am Meer,
In wüster Eile aufgezimmert.
Dort dräut er von der Düne her!

Welch ein Getümmel an den Schranken! –
„Da kömmt der Frei – der Hessel jetzt –
Da bringen sie den schwarzen Franken,
Der hat geläugnet bis zuletzt.“
„Schiffbrüchig sey er hergeschwommen“,
Höhnt eine Alte: „Ei, wie kühn!
Doch Keiner sprach zu seinem Frommen,
Die ganze Bande gegen ihn.“

Der Passagier, am Galgen stehend,
Hohläugig, mit zerbrochnem Muth,
Zu jedem Räuber flüstert flehend:
„Was that dir mein unschuldig Blut!
Barmherzigkeit! – so muß ich sterben
Durch des Gesindels Lügenwort,
O mög’ die Seele euch verderben!“
Da zieht ihn schon der Scherge fort.

Er sieht die Menge wogend spalten –
Er hört das Summen im Gewühl –
Nun weiß er, daß des Himmels Walten
Nur seiner Pfaffen Gaukelspiel!
Und als er in des Hohnes Stolze
Will starren nach den Aetherhöhn,
Da liest er an des Galgens Holze:
„Batavia. Fünfhundert Zehn.“

(aus: Annette von Droste-Hülshoff:
Historisch-kritische Ausgabe, Bd. 1)

30 Johann Gottfried Herder: Edward

Dein Schwert, wie ist's vom Blut so rot?
  Edward, Edward!
Dein Schwert, wie ist's vom Blut so rot
  Und gehst so traurig da! – O!
Ich hab' geschlagen meinen Geier tot!
  Mutter, Mutter!
Ich hab' geschlagen meinen Geier tot,
  Und das, das geht mir nah! – O!
Dein's Geiers Blut ist nicht so rot!
  Edward, Edward!
Dein's Geiers Blut ist nicht so rot,
  Mein Sohn, bekenn' mir frei! – O!
Ich hab' geschlagen mein Rotroß tot!
  Mutter, Mutter!
Ich hab' geschlagen mein Rotroß tot,
  Und's war so stolz und treu! – O!
Dein Roß war alt, und hast's nicht not!
  Edward, Edward,
Dein Roß war alt, und hast's nicht not:
  Dich drückt ein ander Schmerz! – O!
Ich hab' geschlagen meinen Vater tot,
  Mutter, Mutter!
Ich hab' geschlagen meinen Vater tot,
  Und das, das quält mein Herz! – O!
Und was wirst du nun an dir thun?
  Edward, Edward!
Und was wirst du nun an dir thun?
  Mein Sohn, bekenn' mir mehr! – O!
Auf Erden soll mein Fuß nicht ruhn!
  Mutter, Mutter,
Auf Erden soll mein Fuß nicht ruhn!
  Will wandern über Meer! – O!
Und was soll werden dein Hof und Hall'?
  Edward, Edward!
Und was soll werden dein Hof und Hall',
  So herrlich sonst und schön? – O!
Ach! immer steh's und sink' und fall',
  Mutter, Mutter,
Ach, immer steh's und sink' und fall':
  Ich werd' es nimmer sehn! – O!

Und was soll werden dein Weib und Kind,
Edward, Edward?
Und was soll werden dein Weib und Kind,
Wann du gehst über Meer? – O!
Die Welt ist groß! laß sie betteln drin,
Mutter, Mutter!
Die Welt ist groß! laß sie betteln drin,
Ich seh' sie nimmermehr! – O!
Und was soll deine Mutter thun?
Edward, Edward!
Und was soll deine Mutter thun?
Mein Sohn, das sage mir! – O!
Der Fluch der Hölle soll auf Euch ruhn,
Mutter, Mutter!
Der Fluch der Hölle soll auf Euch ruhn,
Denn Ihr, Ihr rietet's mir! – O!

(aus: Herders Werke, Bd. 2)

31 Johann Gottfried Herder: Auszug aus einem Briefwechsel über Oßian und die Lieder alter Völker

... Habe ich denn je meine Skaldische Gedichte in Allem für Muster neuerer Gedichte ausgeben wollen? Nichts weniger! sie mögen so einförmig, so trocken seyn: andre Nationen sie so sehr übertreffen: sie mögen für Nichts als Gesänge Nordischer Meistersänger oder Improvisatori gelten; was ich mit ihnen beweisen will, beweisen sie. Der Geist, der sie erfüllet, die rohe, einfältige, aber große, Zaubermäßige, feierliche Art, die Tiefe des Eindrucks, den jedes so starkgesagte Wort macht, und der freie Wurf, mit dem der Eindruck gemacht wird – nur das wollte ich bei den alten Völkern, nicht als Seltenheit, als Muster, sondern als Natur anführen, und darüber also laßen Sie mich reden.

Sie wißen aus Reisebeschreibungen, wie stark und fest sich immer die Wilden ausdrücken. Immer die Sache, die sie sagen wollen, sinnlich, klar, lebendig anschauend: den Zweck, zu dem sie reden, unmittelbar und genau fühlend: nicht durch Schattenbegriffe, Halbideen und symbolischen Letternverstand (von dem sie in keinem Worte ihrer Sprache, da sie fast keine abstracta haben, wissen) durch alle dies nicht zerstreuet: noch minder durch Künsteleien, sklavische Erwartungen, furchtsamschleichende Politik, und verwirrende Prämeditation verdorben – über alle diese Schwächungen des Geistes seligunwissend, erfassen sie den ganzen Gedanken mit dem ganzen Worte, und dies mit jenem. Sie schweigen entweder, oder reden im Moment des Intereße mit einer unvorbedachten Vestigkeit, Sicherheit und Schönheit, die alle wohlstudierte Europäer allezeit haben bewundern müßen, und – müßen bleiben laßen. Unsre Pedanten, die alles vorher zusammen stoppeln, und auswendig lernen müßen, um alsdenn recht methodisch zu stammeln; unsre Schulmeister, Küster, Halbgelehrte: Apotheker, und alle, die den Gelehrten durchs Haus laufen, und nichts erbeuten, als daß sie endlich, wie Shakespear's *Launcelots,* Policeidiener, und Todtengräber uneigen, unbestimmt, und wie in der letzten Todesverwirrung sprechen – diese gelehrte Leute, was wären die gegen die Wilden? – Wer noch bei uns Spuren von dieser Vestigkeit finden will, der suche sie ja nicht bei solchen; – unverdorbne Kinder, Frauenzimmer, Leute von gutem Naturverstande, mehr durch Thätigkeit, als Spekulation gebildet, die sind, wenn das, was ich anführete, Beredsamkeit ist, alsdenn die Einzigen und besten Redner unsrer Zeit.

In der alten Zeit aber waren es Dichter, Skalden, Gelehrte, die eben diese Sicherheit und Vestigkeit des Ausdrucks am meisten mit Würde, mit Wohlklang, mit Schönheit zu paaren wußten; und da sie also Seele und Mund in den festen Bund gebracht hatten, sich einander nicht zu verwirren, sondern zu unterstützen, beizuhelfen: so entstanden daher jene für uns halbe Wunderwerke von ἀοίδοις, Sängern, Barden, Minstrels, wie die größten Dichter der ältesten Zeiten waren. *Homers* Rhapsodien und *Oßians* Lieder waren gleichsam impromptus, weil man damals noch von Nichts als impromptus der Rede wußte: dem letztern sind die Minstrels, wiewohl so schwach und entfernt, gefolgt; indessen doch gefolgt, bis endlich die Kunst kam und die Natur auslöschte. In fremden Sprachen quälte man sich von Jugend auf Quantitäten von Sylben kennen zu lernen, die uns nicht mehr Ohr und Natur zu fühlen gibt; nach Regeln zu arbeiten, deren wenigste, ein Genie, als Naturregeln anerkennet; über Gegenstände zu dichten, über die sich nichts denken, noch weniger *sinnen,* noch weniger imaginiren läßt; Leidenschaften zu erkünsteln, die wir nicht haben, Seelenkräfte nachzuahmen, die wir nicht besitzen – und endlich wurde Alles Falschheit, Schwäche, und Künstelei. Selbst jeder beste Kopf ward verwirret, und verlohr Vestigkeit des Auges, und der Hand, Sicherheit des Gedankens und des Ausdrucks: mithin die wahre Lebhaftigkeit und Wahrheit und Andringlichkeit – Alles ging verlohren. Die Dichtkunst, die die stürmendste, sicherste Tochter der Menschlichen Seele seyn sollte, ward die ungewißeste, lahmste, wankendste: die Gedichte fein oft corrigirte Knaben- und Schulexercitien. Und freilich, wenn das der Begriff unsrer Zeit ist, so wollen wir auch in den alten Stücken immer mehr Kunst als Natur bewundern, finden also in ihnen bald zu viel, bald zu wenig, nachdem uns der Kopf steht, und selten was in ihnen singt, den Geist der Natur. Ich bin gewiß, daß *Homer* und *Oßian,* wenn sie aufleben und sich lesen, sich rühmen hören sollten, mehr als zu oft über das erstaunen würden, was ihnen gegeben und genommen, angekünstelt, und wiederum in ihnen nicht gefühlt wird.

Freilich sind unsre Seelen heut zu Tage durch lange Generationen und Erziehung von Jugend auf anders gebildet. Wir sehen und fühlen kaum mehr, sondern denken und grübeln nur; wir dichten nicht über und in lebendiger Welt, im Sturm und im Zusammenstrom solcher Gegenstände, solcher Empfindungen; sondern erkünsteln uns entweder Thema, oder Art, das Thema zu behandeln, oder gar beides – und haben uns das schon so lange, so oft, so von früh auf erkünstelt, daß uns freilich jetzt kaum eine freie Ausbildung mehr glücken würde, denn wie kann ein Lahmer gehen? Daher also auch, daß unsern meisten neuen Gedichten, die Vestigkeit, die Bestimmtheit, der runde

Contour so oft fehlet, den nur der erste Hinwurf verleihet, und kein späteres Nachzirkeln ertheilen kann. ...

Zuerst muß ich Ihnen also, wenn es auf Erfahrung und Autorität ankommt, sagen, daß Nichts in der Welt mehr Sprünge und kühne Würfe hat, als Lieder des Volkes, und eben die Lieder des Volks haben deren am meisten, die selbst in ihrem Mittel gedacht, ersonnen, entsprungen und gebohren sind, und die sie daher mit so viel Aufwallung und Feuer singen, und zu singen nicht ablaßen können.

... Sie glauben, daß auch wir Deutschen wohl mehr solche Gedichte hätten, als ich mit der Schottischen Romanze angeführet; ich glaube nicht allein, sondern ich weiß es. In mehr als einer Provinz sind mir Volkslieder, Provinziallieder, Bauerlieder bekannt, die an Lebhaftigkeit und Rhythmus, und Naivetät und Stärke der Sprache vielen derselben gewiß nichts nachgeben würden; nur wer ist der sie sammle? der sich um sie bekümmre? sich um Lieder des Volks bekümmre? auf Straßen, und Gassen und Fischmärkten? im ungelehrten Rundgesange des Landvolks? um Lieder, die oft nicht skandirt, und oft schlecht gereimt sind? wer wollte sie sammlen – wer für unsre Kritiker, die ja so gut Sylben zählen, und skandiren können, drucken lassen? ... haben Sie es da nicht oft bemerkt, wie schädlich es uns Deutschen sey, daß wir keine Elisionen haben, oder uns machen wollen? Unsre Vorfahren haben sie häufig und zu häufig gehabt: die Engländer mit ihren Artikeln, mit den Vokalen bei unbedeutenden Wörtern, Partikeln u.s.w. haben sie zur Regel gemacht: die innre Beschaffenheit beider Sprachen ist in diesem Stücke ganz Einerlei: uns quälen diese schleppende Artikel, Partikeln u.s.w. oft so sehr und hindern den Gang des Sinns oder der Leidenschaft – aber wer unter uns wird zu elidiren wagen? Unsre Kunstrichter zählen ja Sylben, und können so gut skandiren! Sie also, der kein Kunstrichter ist, erlauben Sie also in dergleichen Fällen mir wenigstens, mich Freiherrlicher maassen des Zeichens (') bedienen zu können, nach bestem Belieben u.s.w.

(aus: Herder, Goethe, Frisi, Möser, Von deutscher Art und Kunst)

32 Gottfried August Bürger: Lenore

Lenore fuhr ums Morgenrot
Empor aus schweren Träumen:
„Bist untreu, Wilhelm, oder tot?
Wie lange willst du säumen?"
Er war mit König Friedrichs Macht
Gezogen in die Prager Schlacht,
Und hatte nicht geschrieben,
Ob er gesund geblieben.

Der König und die Kaiserin,
Des langen Haders müde,
Erweichten ihren harten Sinn
Und machten endlich Friede;
Und jedes Heer, mit Sing und Sang,
Mit Paukenschlag und Kling und Klang,
Geschmückt mit grünen Reisern,
Zog heim zu seinen Häusern.

Und überall, allüberall
Auf Wegen und auf Stegen,
Zog alt und jung dem Jubelschall
Der Kommenden entgegen.
Gottlob! rief Kind und Gattin laut,
Willkommen! manche frohe Braut.
Ach? aber für Lenoren
War Gruß und Kuß verloren.

Sie frug den Zug wohl auf und ab
Und frug nach allen Namen;
Doch keiner war, der Kundschaft gab,
Von allen, so da kamen.
Als nun das Heer vorüber war,
Zerraufte sie ihr Rabenhaar
Und warf sich hin zur Erde
Mit wütiger Gebärde.

Die Mutter lief wohl hin zu ihr: –
„Ach, daß sich Gott erbarme!
Du trautes Kind, was ist mit dir?“ –
Und schloß sie in die Arme. –
„O Mutter, Mutter! hin ist hin!
Nun fahre Welt und alles hin!
Bei Gott ist kein Erbarmen.
O weh, o weh mir Armen!“ –

„Hilf Gott, hilf! Sieh uns gnädig an!
Kind, bet' ein Vaterunser!
Was Gott tut, daß ist wohlgetan.
Gott, Gott erbarmt sich unser!“ –
„O Mutter, Mutter! Eitler Wahn!
Gott hat an mir nicht wohlgetan!
Was half, was half mein Beten?
Nun ist's nicht mehr von nöten.“ –

„Hilf Gott, hilf! Wer den Vater kennt,
Der weiß, er hilft den Kindern.
Das hochgelobte Sakrament
Wird deinen Jammer lindern.“ –
„O Mutter, Mutter! was mich brennt,
Das lindert mir kein Sakrament!
Kein Sakrament mag Leben
Den Toten wiedergeben.“ –

„Hör, Kind! wie, wenn der falsche Mann
Im fernen Ungerlande
Sich seines Glaubens abgetan
Zum neuen Ehebande?
Laß fahren, Kind, sein Herz dahin!
Er hat es nimmermehr Gewinn!
Wann Seel' und Leib sich trennen,
Wird ihn sein Meineid brennen.“ –

„O Mutter, Mutter! Hin ist hin!
Verloren ist verloren!
Der Tod, der Tod ist mein Gewinn!
O wär' ich nie geboren!
Lisch aus, mein Licht, auf ewig aus!
Stirb hin, stirb hin in Nacht und Graus!
Bei Gott ist kein Erbarmen.
O weh, o weh mir Armen!“ –

„Hilf Gott, hilf! Geh nicht ins Gericht
Mit deinem armen Kinde!
Sie weiß nicht, was die Zunge spricht.
Behalt ihr nicht die Sünde!
Ach, Kind, vergiß dein irdisch Leid,
Und denk an Gott und Seligkeit!
So wird doch deiner Seelen
Der Bräutigam nicht fehlen.“ –

„O Mutter! Was ist Seligkeit?
O Mutter! Was ist Hölle?
Bei ihm, bei ihm ist Seligkeit,
Und ohne Wilhelm Hölle! –
Lisch aus, mein Licht, auf ewig aus!
Stirb hin, stirb hin in Nacht und Graus!
Ohn' ihn mag ich auf Erden,
Mag dort nicht selig werden.“ – – –

So wütete Verzweifelung
Ihr in Gehirn und Adern,
„Sie fuhr mit Gottes Vorsehung
Vermessen fort zu hadern;
Zerschlug den Busen, und zerrang
Die Hand, bis Sonnenuntergang,
Bis auf am Himmelsbogen
Die goldnen Sterne zogen.

Und außen, horch! ging's trapp, trapp,
trapp,
Als wie von Rosseshufen;
Und klirrend stieg ein Reiter ab,
An des Geländers Stufen;
Und horch! und horch! den Pfortenring
Ganz lose, leise, klinglingling!
Dann kamen durch die Pforte
Vernehmlich diese Worte!

„Hallo, Hallo! Tu auf, mein Kind!
Schläfst, Liebchen, oder wachst du?
Wie bist noch gegen mich gesinnt?
Und weinest oder lachst du?“ –
„Ach, Wilhelm, du? – So spät bei Nacht? –
Geweinet hab' ich und gewacht;
Ach, großes Leid erlitten!
Wo kommst du hergeritten?“ –

„Wir satteln nur um Mitternacht.
Weit ritt ich her von Böhmen.
Ich habe spät mich aufgemacht,
Und will dich mit mir nehmen.“ –
„Ach, Wilhelm, erst herein geschwind!
Den Hagedorn durchsaust der Wind,
Herein, in meinen Armen,
Herzliebster, zu erwarmen!“ –

„Laß sausen durch den Hagedorn,
Laß sausen, Kind, laß sausen!
Der Rappe scharrt; es klirrt der Sporn,
Ich darf allhier nicht hausen.
Komm, schürze, spring und schwinge dich
Auf meinen Rappen hinter mich!
Muß heut noch hundert Meilen
Mit dir ins Brautbett eilen.“

„Ach! wolltest hundert Meilen noch
Mich heut ins Brautbett tragen?
Und horch! es brummt die Glocke noch,
Die elf schon angeschlagen.“ –
„Sieh hin, sieh her! der Mond scheint hell.
Wir und die Toten reiten schnell.
Ich bringe dich, zur Wette,
Noch heut ins Hochzeitbette.“ –

„Sag an, wo ist dein Kämmerlein?
Wo? Wie dein Hochzeitbettchen?“ –
„Weit, weit von hier! – Still, kühl und klein
Sechs Bretter und zwei Brettchen!“ –
„Hat's Raum für mich?“ – „Für dich
und mich!
Komm, schürze, spring und schwinge dich!
Die Hochzeitgäste hoffen;
Die Kammer steht uns offen.“ –

Schön Liebchen schürzte, sprang und schw
Sich auf das Roß behende;
Wohl um den trauten Reiter schlang
Sie ihre Lilienhände;
Und hurre, hurre, hop hop hop!
Ging's fort in sausendem Galopp,
Daß Roß und Reiter schnoben
Und Kies und Funken stoben.

Zur rechten und zur linken Hand,
Vorbei vor ihren Blicken,
Wie flogen Anger, Heid' und Land!
Wie donnerten die Brücken! –
„Graut Liebchen auch? – Der Mond
scheint hell!
Hurra! die Toten reiten schnell!
Graut Liebchen auch vor Toten?“ –
„Ach nein! – Doch laß die Toten!“ –

Was klang dort für Gesang und Klang?
Was flatterten die Raben? –
Horch, Glockenklang! horch, Totensang:
„Laßt uns den Leib begraben!“
Und näher zog ein Leichenzug,
Der Sarg und Totenbahre trug.
Das Lied war zu vergleichen
dem Unkenruf in Teichen.

„Nach Mitternacht begrabt den Leib
Mit Klang und Sang und Klage!
Jetzt führ' ich heim mein junges Weib.
Mit, mit zum Brautgelage!
Komm, Küster, hier! Komm mit dem Chor
Und gurgle mir das Brautlied vor!
Komm, Pfaff', und sprich den Segen,
Eh' wir zu Bett uns legen!“ –

Still Klang und Sang.
– Die Bahre schwand. –
Gehorsam seinen Rufen,
Kam's, hurre hurre! nachgerannt,
Hart hinter's Rappen Hufen.
Und immer weiter, hop, hop, hop!
Ging's fort in sausendem Galopp,
Daß Roß und Reiter schnoben,
Und Kies und Funken stoben.

Wie flogen rechts, wie flogen links
Gebirge, Bäum' und Hecken!
Wie flogen links und rechts und links
Die Dörfer, Städt' und Flecken! –
„Graut Liebchen auch? – Der Mond scheint hell!
Hurra! die Toten reiten schnell!
Graut Liebchen auch vor Toten?" –
„Ach! Laß sie ruhn, die Toten!" –

Sieh da! sieh da! am Hochgericht
Tanzt um des Rades Spindel,
Halb sichtbarlich bei Mondenlicht,
Ein luftiges Gesindel. –
„Sasa! Gesindel, hier! Komm hier!
Gesindel, komm und folge mir!
Tanz uns den Hochzeitreigen,
Wann wir zu Bette steigen!" –

Und das Gesindel, husch husch husch!
Kam hinten nachgeprasselt,
Wie Wirbelwind im Haselbusch
Durch dürre Blätter rasselt.
Und weiter, weiter, hop hop, hop!
Ging's fort in sausendem Galopp
Daß Roß und Reiter schnoben,
Und Kies und Funken stoben.

Wie flog, was rund der Mond beschien,
Wie flog es in die Ferne!
Wie flogen oben überhin
Der Himmel und die Sterne! –
„Graut Liebchen auch? – Der Mond scheint hell!
Hurra! die Toten reiten schnell!
Graut Liebchen auch vor Toten?" –
„O weh! Laß ruhn die Toten!" – – –

„Rapp'! Rapp'! Mich dünkt, der Hahn schon ruft. –
Bald wird der Sand verrinnen –
Rapp'! Rapp'! Ich wittre Morgenluft –
Rapp'! Tummle dich von hinnen! –
Vollbracht, vollbracht ist unser Lauf!
Das Hochzeitbette tut sich auf!
Die Toten reiten schnelle!
Wir sind, wir sind zur Stelle." – – –

Rasch auf ein eisern Gittertor
Ging's mit verhängtem Zügel.
Mit schwanker Gert' ein Schlag davor
Zersprengte Schloß und Riegel.
Die Flügel flogen klirrend auf,
Und über Gräber ging der Lauf.
Es blinkten Leichensteine
Rundum im Mondenscheine.

Ha sieh! Ha sieh! im Augenblick,
Huhu! ein gräßlich Wunder!
Des Reiters Koller, Stück für Stück,
Fiel ab wie mürber Zunder.
Zum Schädel, ohne Zopf und Schopf,
Zum nackten Schädel ward sein Kopf;
Sein Körper zum Gerippe,
Mit Stundenglas und Hippe.

Hoch bäumte sich, wild schnob der Rapp',
Und sprühte Feuerfunken;
Und hui! war's unter ihr hinab
Verschwunden und versunken.
Geheul! Geheul aus hoher Luft,
Gewinsel kam aus tiefer Gruft.
Lenorens Herz, mit Beben,
Rang zwischen Tod und Leben.

Nun tanzten wohl bei Mondenglanz,
Rundum herum im Kreise,
Die Geister einen Kettentanz,
Und heulten diese Weise:
„Geduld! Geduld! Wenn's Herz auch bricht!
Mit Gott im Himmel hadre nicht!
Des Leibes bist du ledig;
Gott sei der Seele gnädig!"

(aus: Gottfried August Bürgers sämtliche Werke in vier Teilen, 1. Teil)

33 Die Sage von Lenore

Lenore. Ein Mädchen hatte einen Geliebten, der war Soldat und ist dann beim Heere gestorben. Jetzt hat sich das Mädchen gar so viel gesehnt nach ihm, und hat oft bitterlich geweint. Da kam einst in der Nacht ein Reiter auf einem schneeweißen Schimmel vor ihr Fenster geritten. Es war ihr Geliebter. Er klopfte an und sagte: „Anamirl, steh auf, und geh mit mir!" Sie stand sogleich auf und ging hinaus. Er befahl ihr, sich aufzusetzen. Sie tat es, und beide ritten fort. Der Mond schien sehr hell. Als sie eine Weile geritten waren, fängt ihr Liebster auf einmal an:

„Wie scheint der Mond so hell,
wie reiten die Toten so schnell;
Anamirl, fürcht'st dich nit?"

Sie aber sprach:
„Was soll ich mich denn fürchten, bist ja du bei mir!"
Sie ritten wieder eine Weile, da begann er abermals:

„Wie scheint der Mond so hell,
wie reiten die Toten so schnell;
Anamirl, fürcht'st dich nit?"

Es erfolgte dieselbe Antwort, und so zum dritten Male. Während dem waren sie zum Hause des Schulmeisters gekommen, von dem der Freithof nicht weit weg war. Da kam ihr die Furcht (‚der Scheuch'); und als sie vor's Schulmeisters ‚Schupfen' vorbeikamen, sprang sie schnell ab und eilte hinein in die Schupfen; denn ihre Angst war schon groß, und unter den ‚Dachtropfen' wußte sie sich sicher. Da rief ihr Geliebter ihr zu: „Dein Glück ist's, daß du herabgesprungen und da hinein bist, sonst hätte ich dich auf tausend Fetzen zerrissen. Ich wäre schon bald erlöst gewesen, und hab wieder so weit herkommen müssen!" Darauf warnte er sie noch, ja keinen Verstorbenen mehr zu sich zu verlangen, und verschwand. *(Niederösterreich)*

(aus: Leander Petzoldt, Deutsche Volkssagen)

34 Albrecht Schöne: Gottfried August Bürger „Lenore"

Die Anregungen, die Bürger, wie wir annehmen dürfen, aus dem niederdeutschen Volkslied empfing, ließen Wilhelm unter zwei Gesichtspunkten sehen: als den Toten und als den Liebenden, der zum Wiedergänger wird. Beide Wesenszüge blieben ihm in unserer Ballade erhalten, beide aber wurden ausgeweitet durch eine Gleichsetzung mit anderen Gestalten: die des Wiedergänger-Geliebten mit dem auferstandenen Christus, die des Toten mit dem Tod. Und beide Verbindungen hat Bürger hergestellt und künstlerisch glaubhaft gemacht durch den genialen Einschub einer gleichsam nach beiden Seiten vermittelnden Zwischengestalt, die er jeweils der neutestamentlichen Symbolik entnahm: Zwischen den Wiedergänger-Geliebten und Christus schob er den Bräutigam, zwischen den Toten und den Tod den apokalyptischen Reiter! Eine zweifache Dreieinigkeit bestimmt Wilhelms Erscheinung.

... So endet der Ritt bei den Gräbern. Noch einmal stellen Wilhelms Worte „Vollbracht, vollbracht ist unser Lauf!" die untergründige Verbindung zu Christus her, zu seinem: Es ist vollbracht. Dann fällt die Hülle von ihm ab, Stundenglas und Hippe werden sichtbar, sein wahres Wesen offenbart sich dem grauenhaft irregeführten Mädchen. Die Dreieinigkeit von heimkehrendem Geliebten, von Bräutigam, von auferstandenem Christus erweist sich als schrecklicher Trug: eine andere Dreiheit in Wilhelms Wesen ist an ihre Stelle getreten: der Geliebte ist ein Toter, der vermeintliche Bräutigam ist der apokalyptische Reiter, Lenore ist nicht Christus gefolgt, sondern dem Tode. Das „gräßliche Wunder" der Offenbarung des Todes widerspricht dem seligen Wunder der Verklärung des lebendigen Erlösers; die unter Geheul und Gewinsel sich vollziehende Abfahrt in die Tiefe scheidet sich von seiner Auffahrt gen Himmel. Von hier aus können die Verse „Lenorens Herz mit Beben / Rang zwischen Tod und Leben" nicht mehr so verstanden werden, als ginge es um ihr irdisches Weiterleben, denn schon nach dem Wortlaut der Schlußstrophe: „Des Leibes bist du ledig", ist unmißverständlich der leibliche Tod ihr Teil. Tod und Leben, zwischen denen ihr Herz ringt, meinen hier, noch einmal dem Sprachgebrauch des Kirchenliedes folgend, nicht die biologische Existenz. „Wie oft bist du in große Not / durch eignen Willen kommen, / da dein verblendter Sinn den Tod / fürs Leben angenommen", heißt es in Paul Gerhardts „Du bist ein Mensch, das weißt du wohl". Diese Verse aber treffen genau das, was man als die Lästerung, den Frevel Lenores angesprochen hat und was doch letzten Endes als ein Verfehlen einsichtig wird. Der himmlische Bräutigam ihrer Seele, dessen Züge das Bild des Geliebten angenommen hatte, als der Unbedingtheit ihrer Liebe nur noch die christlichen Vorstellungsformen und die gläubige Leidenschaft zu Nachfolge und Hingabe genügten, er ist es, der spricht: ich bin die Auferstehung und das Leben. Der Tote aber, der apokalyptische Reiter mit Stundenglas und Hippe, dem Lenore in Wahrheit gefolgt war, spricht, dem Seelenbräutigam antwortend: ich bin die Grabfahrt und der Tod. Zwischen diesem Tod und diesem Leben, zwischen Hölle und Seligkeit ringt Lenores Herz – dem gilt der letzte Vers der Ballade, „Gott sei der Seele gnädig!", der den Strophenschlüssen in Löschers „O König, dessen Majestät" entspricht, die da heißen: „Gott, sei mir Sünder gnädig!"

... Unsere Deutung hat sich von der volkstümlichen Wiedergänger-Moritat, von einer Auslegung des Gedichtes als Parabel für Schuld und Sühne, von der Entrüstung über ein „unerträgliches Gespötte mit den ehrwürdigsten Dingen der christlichen Religion" und von der Beurteilung als „Lied vom Zerfall eines Gottesglaubens" weit entfernt. Denn weder um die Erhaltung noch um die Verspottung des alten Glaubens geht es in der „Lenore", sondern vielmehr darum, daß die kirchlich-dogmatische Versicherung, wie sie in der versteiften Gesangbuchfrömmigkeit der Mutter vertreten ist, nicht mehr ausreicht, den unendlichen Schmerz des liebenden Mädchens um den Verlust des Geliebten zu stillen; darum, daß die Gewalt ihrer Leidenschaft alle Inbrunst, die der Christ auf den Erlöser richtet, alle Klage, mit der er seinen Tod beweint, alle Freude, mit der er seine Auferstehung und Verklärung feiert, alle an Christus gebundene Gewißheit um Seligkeit oder Verdammnis nun auf den Geliebten wirft. Denn aus dieser Umsetzung bezieht die Ballade ihre Energien. Nicht Glaubenszerfall ist hier gedichtet, sondern jene Unbedingtheit der Liebe, die in tragische Verfehlung stürzt, die in dem Toten den heimkehrenden Lebenden, im apokalyptischen Reiter den Bräutigam, der sie zur Hochzeit führt, im Tod das Leben und die Seligkeit zu sehen glaubt. Auch darin mag noch eine Gotteslästerung spürbar werden. Aber sie besteht im Erliegen eines grenzenlos liebenden Herzens vor einer Versuchung, deren Gewalt das moralische Urteil zertrümmert.

(aus: Benno von Wiese, Die deutsche Lyrik, Bd. 1)

35 Parallelen zwischen Bürgers „Lenore" und Kirchenliedern

Bürgers Ballade	Kirchenlieder
Ach, daß sich Gott erbarme! (V. 34)	Hilf, Helfer, hilf in Angst und Not, erbarm dich mein, du treuer Gott! (Heermann)
Nun fahre Welt und alles hin! (V. 38)	Drum fahr, o Welt, mit Ehr und Geld und deiner Wollust hin. (Schütz: Was mich auf dieser Welt betrübt)
Hilf Gott, hilf! Sieh uns gnädig an! Kind, bet ein Vaterunser! (V. 41–42)	O Jesu Christ, erbarme dich, hör unsre Bitte gnädiglich. (aus: Das alte Jahr vergangen ist)
Gott hat an mir nicht wohlgetan! Was half, was half mein Beten? (V. 46–47)	Was Gott thut, das ist wohlgethan. (Rodigast)
Hilf Gott, hilf! wer den Vater kennt, der weiß, er hilft den Kindern. (V. 49–50)	Nun können wir ihn kennen und unsern Vater nennen. (Werner: Freut euch, ihr Christen alle) Weil du mein Gott und Vater bist, wirst du dein Kind verlassen nicht. (aus: Warum betrübst du dich)
O Mutter, Mutter! (V. 53)	O Jesu, Jesu (Heermann)
Laß fahren, Kind, sein Herz dahin! Er hat es nimmermehr Gewinn! (V. 61–62)	Laß fahren dahin, sie habens kein Gewinn! (Luther)
Der Tod, der Tod ist mein Gewinn! (V. 67)	Der Tod kann mir nicht schaden, er ist nur mein Gewinn. (Leon: Ich hab mich Gott ergeben) Wenn ich an dir nicht Freude hätt, so wollt den Tod ich wünschen her, ja daß ich nie geboren wär. (Moller: Ach Gott, wie manches Herzeleid)
Hilf Gott, hilf! Geh nicht ins Gericht mit deinem armen Kinde! (V. 73–74)	Ach mein Heiland, geh doch nicht mit mir Armen ins Gericht. (Gotter: Schaffet, schaffet, Menschenkinder)
So wird doch deiner Seelen Der Bräutigam nicht fehlen. (V. 79–80)	Seelenbräutigam, Jesu, Gottes Lamm (Drese)
Bei ihm, bei ihm ist Seligkeit Und ohne Wilhelm Hölle! (V. 83–84)	hier, ach hier ist Seligkeit (Rambach: Sei willkommen, Davids Sohn)

Ohn' ich mag ich auf Erden, Mag dort nicht selig werden. (V. 87–88)	laß fahren, was auf Erden, will lieber selig werden (Kiel: Herr Gott, nun schleuß den Himmel auf) Wenn ich nur dich habe, so frage ich nichts nach Himmel und Erde (73. Psalm. 25. Vers)
Vollbracht, vollbracht ist unser Lauf! (V. 221)	Es ist vollbracht
Gott sei der Seele gnädig! (V. 256)	Gott, sei mir Sünder gnädig! (Löscher: O König, dessen Majestät)

(Zusammengestellt aus: Albrecht Schöne, Bürgers „Lenore".
In: Deutsche Vierteljahresschrift für Literaturwissenschaft und Geistesgeschichte, Bd. 28).

36 Lore Kaim-Kloock: Über Bürgers „Lenore"

Die Geister sprechen die Verdammung aus, die eine Sache der Kirche ist, und scheinen damit auf merkwürdige Weise die Gegnerschaft, die zwischen Kirche und Heidentum besteht, aufzuheben, entwerten aber gleichzeitig durch ihre Mittlerrolle das Urteil, machen es verdächtig. Das Göttliche wird ins Gespenstische gewandelt.

So gesehen, verbirgt sich hinter Bürgers Distanzierung von der Ketzerei Lenores eine Blasphemie. Die Zurücknahme des Protestes wird durch die halbe Säkularisierung mittels der heidnischen Geister zu einem versteckten Schlag gegen die Kirche. ...

Bürgers Lenore ist für die Entwicklung der Kunstballade in doppelter Hinsicht bedeutungsvoll:

Die Lenore ist der erste ernsthafte Ansatz zu einer sozialen Ballade. Bürger greift hier das für alle Kriegszeiten typische Schicksal der Frauen, die auf ihre in der Armee dienenden Männer warten, als Thema auf. Schon in diesem Thema ist eine Anklage gegen den Krieg enthalten. In der Darstellung des spontanen Protestes des Volkes gegen die Ansprüche der Kirche auf unbedingte Unterwerfung kommt gleichzeitig der Protest gegen den Absolutismus mit seinem unbeschränkten Herrschaftsanspruch über die Untertanen zum Ausdruck. Erst Jahrzehnte später, mit Heine, Freiligrath, Chamisso, wird dieser Ansatz zur sozialen Ballade, den wir bei Bürger finden, fortgeführt und voll als Typ entwickelt.

Die Lenore ist eine frühe Form der Naturballade. Zum erstenmal wird die magisch belebte Natur in das Geschehen einbezogen. Die Natur ist nicht mehr wie bisher unbewegte Kulisse, die auf den Fortgang der Handlung keinen Einfluß hat, sondern sie steht als bewegtes und bewegendes Element mit im Vordergrund der Dichtung.

Nicht zufällig sind in der ersten großen Kunstballade der deutschen Literatur diese beiden Formen – die soziale Ballade und die Naturballade – noch verschmolzen. Beide finden wir hier in einer noch nicht vollentwickelten Form, aus der sich ihre Verbindung erklärt. Es ist dem jungen Bürger noch nicht möglich, die gesellschaftliche Entwicklung als eine gesetzmäßige Entwicklung zu durchschauen, die bewegenden Kräfte zu erkennen. Darum steht der Mensch bei ihm seinem Schicksal noch blind gegenüber, darum muß die Schicksalserklärung ins Magische verlegt werden. Die dämonisch belebte Natur tritt an die Stelle der gesellschaftlichen Kräfte.

...

Die große volkstümliche Wirkung der Bürgerschen Lenore ergab sich auch daraus, daß Bürger es verstanden hatte, diese in der Volkstradition lebendige Mädchenfigur als eine zeitgenössische Gestalt darzustellen, sie den Zweifel aussprechen zu lassen, der die fortschrittlichen bürgerlichen Kreise bewegte: den Zweifel an der göttlichen Ordnung. Damit erreichte er die Möglichkeit der Identifizierung dieser Kreise mit der Lenore. Gleichzeitig verstärkte Bürger durch den plebejischen Charakter der Lenore, durch die Aufnahme des Sagenmotivs, durch die geschilderte Verzweiflungssituation für die unteren Schichten die Möglichkeit, sich in Lenores Protesten wiederzuerkennen.

(aus: Lore Kaim-Kloock, Gottfried August Bürger)

37 Winfried Freund: Über Bürgers „Lenore“

Lenore und ihre Mutter stehen sich einleitend in einem Dialog gegenüber, dessen grundsätzliche Positionen gebildet werden von der naiv-gläubigen Hinnahme scheinbar objektiver historischer Prozesse und einer subjektiv gefärbten Kritik. Beide Positionen sind bereits in den eingangs zitierten Versen vorgezeichnet.

Lenore sieht von vornherein lediglich die subjektiv-persönlichen Auswirkungen des Kriegs, seinen zerstörerischen Einfluß auf den irdischen Glücksanspruch des einzelnen. In ihrer von Schmerz über den Verlust des Geliebten inspirierten Kritik artikuliert sich die subjektive Durchbrechung der trügerischen objektiven Zusammenhänge von Staatspolitik und Kirchenglauben. Absolutistische und klerikal-christliche Strukturen stützten sich in der Tat gegenseitig ...

Ihr Aufbegehren richtet sich sowohl gegen die humane Sinnlosigkeit des Kriegs als auch gegen den Kinderglauben, daß diesseitige Entsagungen im Jenseits eine Belohnung erfahren ...

Ganz im Sinne dieser neuen Diesseitsorientierung nehmen in Lenores Sprechen die säkularen Umdeutungen sakraler Texte und Vorstellungen einen bedeutenden Platz ein. Der Vers „Nun fahre Welt und alles hin!“, der bei Lenore einmündet in den radikalen Zweifel am göttlichen Erbarmen, lautet im Gesangbuch: „Drum fahr, o Welt, / Mit Ehr und Gott / Und deiner Wollust hin.“ In Lenores Vorstellung führt jedoch gerade das Bewußtsein, um weltliche Lust geprellt zu sein, zur Absage an die Welt.

... Die einschneidendste Umdeutung erfahren die christlichen Grundvorstellungen von Himmel und Hölle. Himmel ist für Lenore in eindeutig säkularer Auffassung die Erfüllung ihres Liebesverlangens in den Armen des Geliebten, während Hölle in der Entsagung und Enttäuschung besteht. ... Lenore ist im wesentlichen Sprachrohr dieser gegen das Alte aufbegehrenden Orientierung, während die Mutter die Elterngeneration vertritt, also jene Altersgruppe, die in ihrer Vorstellungswelt noch von der Verinnerlichung objektiv gültiger Normsysteme geprägt war. ...

Die Mutter als Vertreterin überkommenen Untertanenglaubens spricht bezeichnenderweise kaum eine eigene Sprache. Wörtliche Übernahmen aus Bibel und Gesangbuch („Was Gott tut, das ist wohlgetan.“) und zahlreiche Variationen sakraler Texte kennzeichnen ihren orthodoxen Standort. Frömmigkeit und Staatsloyalität sind bei ihr unlöslich verbunden, so daß bereits der Zweifel an der Richtigkeit des Krieges und an der gerechten Verteilung der Lasten und Verzichtleistungen sündhaft erscheint. Sie vertritt den Standpunkt des autoritätsgläubigen Untertans um die Mitte des 18. Jahrhunderts. ... Die ältere noch total angepaßte Generation behält in Gestalt der Mutter ein letztes Mal die Oberhand.

Der Typus der Kunstballade aus dem Geiste der Volksballade realisiert sich, so betrachtet, in überraschender Weise. Balladenpersonal und Adressatengruppe sind in umfassendem Sinn bürgerlich bestimmt. ...

Der junge Balladenautor – Bürger war bei der Abfassung der Ballade 25 Jahre alt – spürt, wie die neue, gegen das Überkommene gerichtete Zeit in ihm wirksam wird, und verkörpert sie in der Gestalt der Tochter. Gleichzeitig empfindet er aber den Widerspruch zwischen den verinnerlichten traditionellen Normen und dem subjektiven Anspruch als Schuld und beugt sich in letzter Konsequenz dem Anpassungsdruck.

(aus: Winfried Freund, Die deutsche Ballade)

38 Johann Wolfgang von Goethe: Erlkönig

Wer reitet so spät durch Nacht und Wind?
Es ist der Vater mit seinem Kind;
Er hat den Knaben wohl in dem Arm,
Er faßt ihn sicher, er hält ihn warm. –

Mein Sohn, was birgst du so bang dein Gesicht? –
Siehst, Vater, du den Erlkönig nicht?
Den Erlenkönig mit Kron' und Schweif? –
Mein Sohn, es ist ein Nebelstreif. –

„Du liebes Kind, komm, geh mit mir!
Gar schöne Spiele spiel' ich mit dir;
Manch' bunte Blumen sind an dem Strand;
Meine Mutter hat manch' gülden Gewand.“

Mein Vater, mein Vater, und hörest du nicht,
Was Erlenkönig mir leise verspricht? –
Sei ruhig, bleibe ruhig, mein Kind!
In dürren Blättern säuselt der Wind. –

„Willst, feiner Knabe, du mit mir gehn?
Meine Töchter sollen dich warten schön;
Meine Töchter führen den nächtlichen Reihn
Und wiegen und tanzen und singen dich ein.“

Mein Vater, mein Vater, und siehst du nicht dort
Erlkönigs Töchter am düstern Ort? –
Mein Sohn, mein Sohn, ich seh' es genau;
Es scheinen die alten Weiden so grau. –

„Ich liebe dich, mich reizt deine schöne Gestalt;
Und bist du nicht willig, so brauch' ich Gewalt.“ –
Mein Vater, mein Vater, jetzt faßt er mich an!
Erlkönig hat mir ein Leids getan! –

Dem Vater grauset's, er reitet geschwind,
Er hält in Armen das ächzende Kind,
Erreicht den Hof mit Mühe und Not;
In seinen Armen das Kind war tot.

(aus: Goethes Werke, Bd. 1. Hamburger Ausgabe)

39 Johann Gottfried Herder: Erlkönigs Tochter

Herr Oluf reitet spät und weit,
Zu bieten auf seine Hochzeitleut'.

Da tanzen die Elfen auf grünem Land,
Erlkönigs Tochter reicht ihm die Hand.

„Willkommen, Herr Oluf, was eilst von hier?
Tritt her in den Reihen und tanz' mit mir!“ –

„Ich darf nicht tanzen, nicht tanzen ich mag:
Frühmorgen ist mein Hochzeittag.“ –

„Hör' an, Herr Oluf, tritt tanzen mit mir!
Zwei güldne Sporne schenk' ich dir.“

„Ein Hemd von Seide so weiß und fein,
Meine Mutter bleicht's mit Mondenschein." –

„Ich darf nicht tanzen, nicht tanzen ich mag:
Frühmorgen ist mein Hochzeittag." –

„Hör' an, Herr Oluf, tritt tanzen mit mir!
Einen Haufen Goldes schenk' ich dir." –

„Einen Haufen Goldes nähm' ich wohl;
Doch tanzen ich nicht darf noch soll." –

„Und willt, Herr Oluf, nicht tanzen mit mir,
Soll Seuch' und Krankheit folgen dir."

Sie thät einen Schlag ihm auf sein Herz,
Noch nimmer fühlt' er solchen Schmerz.

Sie hob ihn bleichend auf sein Pferd:
„Reit' heim nun zu dein'm Fräulein wert!"

Und als er kam vor Hauses Thür,
Seine Mutter zitternd stand dafür.

„Hör' an, mein Sohn, sag' an mir gleich:
Wie ist dein' Farbe blaß und bleich?" –

„Und sollt' sie nicht sein blaß und bleich?
Ich traf in Erlenkönigs Reich!" –

„Hör' an, mein Sohn, so lieb und traut,
Was soll ich nun sagen deiner Braut?" –

„Sagt ihr, ich sei im Wald zur Stund',
Zu proben da mein Pferd und Hund."

Frühmorgen und als es Tag kaum war,
Da kam die Braut mit der Hochzeitschar.

Sie schenkten Met, sie schenkten Wein:
„Wo ist Herr Oluf, der Bräut'gam mein?" –

„Herr Oluf, er ritt in Wald zur Stund',
Er probt allda sein Pferd und Hund."

Die Braut hob auf den Scharlach rot –
Da lag Herr Oluf, und er war tot.

(aus: Herders Werke, Bd. 2)

40 Johann Wolfgang von Goethe: Auszug aus „Faust, Teil 1“

Doch gehen wir! Ergraut ist schon die Welt,
Die Luft gekühlt, der Nebel fällt!
Am Abend schätzt man erst das Haus. –
Was stehst du so und blickst erstaunt hinaus?
Was kann dich in der Dämmrung so ergreifen?
FAUST. Siehst du den schwarzen Hund durch Saat und Stoppel streifen?
WAGNER. Ich sah ihn lang schon, nicht wichtig schien er mir.
FAUST. Betracht' ihn recht! für was hältst du das Tier?
WAGNER. Für einen Pudel, der auf seine Weise
Sich auf der Spur des Herren plagt.
FAUST. Bemerkst du, wie in weitem Schneckenkreise
Er um uns her und immer näher jagt?
Und irr' ich nicht, so zieht ein Feuerstrudel
Auf seinen Pfaden hinterdrein.
WAGNER. Ich sehe nichts als einen schwarzen Pudel;
Es mag bei Euch wohl Augentäuschung sein.
FAUST. Mir scheint es, daß er magisch leise Schlingen
Zu künft'gem Band um unsre Füße zieht.
WAGNER. Ich seh' ihn ungewiß und furchtsam uns umspringen,
Weil er, statt seines Herrn, zwei Unbekannte sieht.
FAUST. Der Kreis wird eng, schon ist er nah!
WAGNER. Du siehst! ein Hund, und kein Gespenst ist da.
Er knurrt und zweifelt, legt sich auf den Bauch.
Er wedelt. Alles Hundebrauch.
FAUST. Geselle dich zu uns! Komm hier!
WAGNER. Es ist ein pudelnärrisch Tier.
Du stehest still, er wartet auf;
Du sprichst ihn an, er strebt an dir hinauf;
Verliere was, er wird es bringen,
Nach deinem Stock ins Wasser springen.
FAUST. Du hast wohl recht, ich finde nicht die Spur
Von einem Geist, und alles ist Dressur.
WAGNER. Dem Hunde, wenn er gut gezogen,
Wird selbst ein weiser Mann gewogen.
Ja, deine Gunst verdient er ganz und gar,
Er, der Studenten trefflicher Skolar.
Sie gehen in das Stadttor.

(aus: Goethes Werke, Bd. 3. Hamburger Ausgabe)

41 Johann Wolfgang von Goethe: Ballade, Betrachtung und Auslegung

Die Ballade hat etwas Mysterioses, ohne mystisch zu sein; diese letzte Eigenschaft eines Gedichts liegt im Stoff, jene in der Behandlung. Das Geheimnisvolle der Ballade entspringt aus der Vortragsweise. Der Sänger nämlich hat seinen prägnanten Gegenstand, seine Figuren, deren Taten und Bewegung so tief im Sinne, daß er nicht weiß, wie er ihn ans Tageslicht fördern will. Er bedient sich daher aller drei Grundarten der Poesie, um zunächst auszudrücken, was die Einbildungskraft erregen, den Geist beschäftigen soll; er kann lyrisch, episch, dramatisch beginnen und, nach Belieben die Formen wechselnd, fortfahren, zum Ende hineilen oder es weit hinausschieben. Der Refrain, das Wiederkehren ebendesselben Schlußklanges, gibt dieser Dichtart den entscheidenden lyrischen Charakter.

Hat man sich mit ihr vollkommen befreundet, wie es bei uns Deutschen wohl der Fall ist, so sind die Balladen aller Völker verständlich, weil die Geister in gewissen Zeitaltern, entweder kontemporan oder sukzessiv, bei gleichem Geschäft immer gleichartig verfahren. Übrigens ließe sich an einer Auswahl solcher Gedichte die ganze Poetik gar wohl vortragen, weil hier die Elemente noch nicht getrennt, sondern wie in einem lebendigen Ur-Ei zusammen sind, das nur bebrütet werden darf, um als herrlichstes Phänomen auf Goldflügeln in die Lüfte zu steigen.

(aus: Goethes Werke, Bd. 1. Hamburger Ausgabe)

42 Clemens Brentano: Lore Lay

Zu Bacharach am Rheine
Wohnt eine Zauberin,
Sie war so schön und feine
Und riß viel Herzen hin.

Und brachte viel zu schanden
Der Männer rings umher,
Aus ihren Liebesbanden
War keine Rettung mehr.

Der Bischof ließ sie laden
Vor geistliche Gewalt –
Und mußte sie begnaden,
So schön war ihr' Gestalt.

Er sprach zu ihr gerühret:
„Du arme Lore Lay!
Wer hat dich denn verführet
Zu böser Zauberei?"

„Herr Bischof laßt mich sterben,
Ich bin des Lebens müd,
Weil jeder muß verderben,
Der meine Augen sieht.

Die Augen sind zwei Flammen,
Mein Arm ein Zauberstab –
O legt mich in die Flammen!
O brechet mir den Stab!"

„Ich kann dich nicht verdammen,
Bis du mir erst bekennt,
Warum in diesen Flammen
Mein eigen Herz schon brennt.

Den Stab kann ich nicht brechen,
Du schöne Lore Lay!
Ich müßte dann zerbrechen
Mein eigen Herz entzwei."

„Herr Bischof mit mir Armen
Treibt nicht so bösen Spott,
Und bittet um Erbarmen,
Für mich den lieben Gott.

Ich darf nicht länger leben,
Ich liebe keinen mehr –
Den Tod sollt Ihr mir geben,
Drum kam ich zu Euch her. –

Mein Schatz hat mich betrogen,
Hat sich von mir gewandt,
Ist fort von hier gezogen,
Fort in ein fremdes Land.

Die Augen sanft und wilde,
Die Wangen rot und weiß,
Die Worte still und milde
Das ist mein Zauberkreis.

Ich selbst muß drin verderben,
Das Herz tut mir so weh,
Vor Schmerzen möcht' ich sterben,
Wenn ich mein Bildnis seh'.

Drum laßt mein Recht mich finden,
Mich sterben, wie ein Christ,
Denn alles muß verschwinden,
Weil er nicht bei mir ist."

Drei Ritter läßt er holen:
„Bringt sie ins Kloster hin,
Geh Lore! – Gott befohlen
Sei dein berückter Sinn.

Du sollst ein Nönnchen werden,
Ein Nönnchen schwarz und weiß,
Bereite dich auf Erden,
Zu deines Todes Reis'."

Zum Kloster sie nun ritten,
Die Ritter alle drei,
Und traurig in der Mitten
Die schöne Lore Lay.

„O Ritter laßt mich gehen,
Auf diesen Felsen groß,
Ich will noch einmal sehen
Nach meines Lieben Schloß.

Ich will noch einmal sehen
Wohl in den tiefen Rhein,
Und dann ins Kloster gehen
Und Gottes Jungfrau sein."

Der Felsen ist so jähe,
So steil ist seine Wand,
Doch klimmt sie in die Höhe,
Bis daß sie oben stand.

Es binden die drei Ritter,
Die Rosse unten an,
Und klettern immer weiter,
Zum Felsen auch hinan.

Die Jungfrau sprach: „da gehet
Ein Schifflein auf dem Rhein,
Der in dem Schifflein stehet,
Der soll mein Liebster sein.

Mein Herz wird mir so munter,
Er muß mein Liebster sein! –"
Da lehnt sie sich hinunter
Und stürzet in den Rhein.

Die Ritter mußten sterben,
Sie konnten nicht hinab,
Sie mußten all verderben,
Ohn' Priester und ohn' Grab.

Wer hat dies Lied gesungen?
Ein Schiffer auf dem Rhein,
Und immer hat's geklungen
Von dem drei Ritterstein:

Lore Lay
Lore Lay
Lore Lay

Als wären es meiner drei.

(aus: Clemens Brentano, Werke, Bd. 1)

43 Joseph Freiherr von Eichendorff: Waldgespräch

„Es ist schon spät, es wird schon kalt,
Was reitst du einsam durch den Wald?
Der Wald ist lang, du bist allein,
Du schöne Braut! Ich führ dich heim!“

„Groß ist der Männer Trug und List,
Vor Schmerz mein Herz gebrochen ist,
Wohl irrt das Waldhorn her und hin,
O flieh! Du weißt nicht, wer ich bin.“

So reich geschmückt ist Roß und Weib,
So wunderschön der junge Leib,
„Jetzt kenn ich dich – Gott steh mir bei!
Du bist die Hexe Lorelei.“

„Du kennst mich wohl – von hohem Stein
Schaut still mein Schloß tief in den Rhein.
Es ist schon spät, es wird schon kalt,
Kommst nimmermehr aus diesem Wald!“

(aus: Joseph von Eichendorff, Werke, Bd. 1)

44 Heinrich Heine: Ich weiß nicht, was soll es bedeuten

Ich weiß nicht, was soll es bedeuten,
Daß ich so traurig bin;
Ein Märchen aus alten Zeiten,
Das kommt mir nicht aus dem Sinn.

Die Luft ist kühl und es dunkelt,
Und ruhig fließt der Rhein;
Der Gipfel des Berges funkelt
Im Abendsonnenschein.

Die schönste Jungfrau sitzet
Dort oben wunderbar,
Ihr goldnes Geschmeide blitzet,
Sie kämmt ihr goldenes Haar.

Sie kämmt es mit goldenem Kamme,
Und singt ein Lied dabei;
Das hat eine wundersame,
Gewaltige Melodei.

Den Schiffer im kleinen Schiffe
Ergreift es mit wildem Weh;
Er schaut nicht die Felsenriffe,
Er schaut nur hinauf in die Höh.

Ich glaube, die Wellen verschlingen
Am Ende Schiffer und Kahn;
Und das hat mit ihrem Singen
Die Lorelei getan.

(aus: Heinrich Heine, Werke, Bd. 1)

45 Erich Kästner: Der Handstand auf der Loreley
(Nach einer wahren Begebenheit)

Die Loreley, bekannt als Fee und Felsen,
ist jener Fleck am Rhein, nicht weit von Bingen,
wo früher Schiffer mit verdrehten Hälsen,
von blonden Haaren schwärmend, untergingen.

Wir wandeln uns. Die Schiffer inbegriffen.
Der Rhein ist reguliert und eingedämmt.
Die Zeit vergeht. Man stirbt nicht mehr beim Schiffen,
bloß weil ein blondes Weib sich dauernd kämmt.

Nichtsdestotrotz geschieht auch heutzutage
noch manches, was der Steinzeit ähnlich sieht.
So alt ist keine deutsche Heldensage,
daß sie nicht doch noch Helden nach sich zieht.

Erst neulich machte auf der Loreley
hoch überm Rhein ein Turner einen Handstand!
Von allen Dampfern tönte Angstgeschrei,
als er kopfüber oben auf der Wand stand.

Er stand, als ob er auf dem Barren stünde.
Mit hohlem Kreuz. Und lustbetonten Zügen.
Man frage nicht: Was hatte er für Gründe?
Er war ein Held. Das dürfte wohl genügen.

Er stand, verkehrt, im Abendsonnenscheine.
Da trübte Wehmut seinen Turnerblick.
Er dachte an die Loreley von Heine.
Und stürzte ab. Und brach sich das Genick.

Er starb als Held. Man muß ihn nicht beweinen.
Sein Handstand war vom Schicksal überstrahlt.
Ein Augenblick mit zwei gehobnen Beinen
ist nicht zu teuer mit dem Tod bezahlt!

P.S. Eins wäre allerdings noch nachzutragen:
Der Turner hinterließ uns Frau und Kind.
Hinwiederum, man soll sie nicht beklagen.
Weil im Bezirk der Helden und der Sagen
die Überlebenden nicht wichtig sind.

(aus: Erich Kästner, Gesammelte Schriften in 7 Bänden, Bd. 1)

46 Heinrich Heine: Die schlesischen Weber

Im düstern Auge keine Träne,
Sie sitzen am Webstuhl und fletschen die Zähne:
„Deutschland, wir weben dein Leichentuch,
Wir weben hinein den dreifachen Fluch –
Wir weben, wir weben!

Ein Fluch dem Gotte, zu dem wir gebeten
In Winterskälte und Hungersnöten:
Wir haben vergebens gehofft und geharrt,
Er hat uns geäfft und gefoppt und genarrt –
Wir weben, wir weben!

Ein Fluch dem König, dem König der Reichen,
Den unser Elend nicht konnte erweichen,
Der den letzten Groschen von uns erpreßt,
Und uns wie Hunde erschießen läßt –
Wir weben, wir weben!

Ein Fluch dem falschen Vaterlande,
Wo nur gedeihen Schmach und Schande,
Wo jede Blume früh geknickt,
Wo Fäulnis und Moder den Wurm erquickt –
Wir weben, wir weben!

Das Schiffchen fliegt, der Webstuhl kracht,
Wir weben emsig Tag und Nacht –
Altdeutschland, wir weben dein Leichentuch,
Wir weben hinein den dreifachen Fluch,
Wir weben wir weben!“

(aus: Heinrich Heine, Werke, Bd. 1)

47 Käthe Kollwitz: Der Weberzug (Radierung)

(Käthe Kollwitz, Der Weberzug)

48 Hans Schwab-Felisch: Das Elend der Weber

Der Erwerb eines Leinenwebers betrug nach Schneers Angaben damals zehn bis zwanzig Silbergroschen, „der des Flachsspinners von 5 bis 12 Sgr., der des Facken oder Putzelspinners von 2 Sgr. bis höchstens 4 und 5 Sgr.; bei allen drei Classen für die Woche berechnet". Das Existenzminimum einer vierköpfigen Familie betrug nach mehreren, annähernd übereinstimmenden Berechnungen damals zwei Taler, vier Silbergroschen (dreißig Silbergroschen = ein Taler). ...
Die Folgen der Armut beschreibt Schneer plastisch genug: „Seit sieben und mehr Jahren haben sich die Unglücklichen nicht mehr irgend ein Kleidungsstück beschaffen können; ihre Bedeckung besteht aus Lumpen, ihre Wohnungen verfallen, da sie die Kosten der Herstellung nicht aufbringen können; die mißrathenen Erndten

der Kartoffeln, namentlich in den beiden letzten Jahren, haben sie auf die billigeren wilden oder Viehkartoffeln und auf das Schwarz- oder Viehmehl zur Nahrung angewiesen; Fleisch kommt nur bei Einigen zu Ostern, Pfingsten und Weihnachten ins Haus, und dann für eine Familie von fünf bis sechs Personen ein halbes Pfund! Schenkt der Bauer ihnen ein Quart Buttermilch, oder tauschen sie es für die Kartoffelschaalen bei ihm nach langem Ansammeln ein; so ist dies ein Festtag... Den Kirchenrock haben viele schon lange verkauft oder versetzt; sie schämen sich in ihren Lumpen zur Kirche zu gehen, und so entbehren sie auch noch des geistigen Trostes bei diesem Elend."

Ein Weber erzählt ihm, „mit Freudenthränen in den Augen: er hätte bei der mangelnden Arbeit das Glück gehabt, daß in der Nähe zwei Pferde crepiert wären, deren Fleisch ihn, sein Weib Antonie und seine drei Kinder eine Zeitlang erhalten". Eine nicht seltene Erscheinung sei es gewesen, daß „die Weber dazu getrieben werden, von der Schlichte – sauer und stinkig riechenden gekochten Stärke – sich zu ernähren". Schneer fand Kinder „von sieben bis acht Jahren, nicht bloos in den Betten nackt liegend, sondern auch in den Stuben da sitzend, ohne selbst nur mit Lumpen bedeckt zu sein", er sah die Eltern genötigt, „die schwachen Kräfte der Kinder schon mit vier Jahren für die leichteren Arbeits-Verrichtungen in Anspruch zu nehmen" und er fand ein „wahrhaft zum Erstaunen" ausgebautes System des Borgens, das dem Armen noch mehr Pflichten auferlegt, da er alle Gegenstände „theurer sich anrechen lassen" muß, als wenn er sie bar bezahlte. In vielen Orten gab es keine Krämer, weil es an Geld fehlte, etwas bei ihnen zu kaufen. Eine Hundehütte ist bereits Zeichen für das Fehlen wirklicher Not. „Denn kann der Bewohner noch einen müßigen Hund füttern, so kann er etwas von seiner eigenen Nahrung missen, und braucht er den Hund als Wächter, so hat er eben einen beweglichen Besitz zu bewohnen." (Muß wohl „bewachen" heißen.) ...

Jedenfalls bedurfte es in der Situation, in der sich das Volk der Weber allgemein befand, nur noch eines Funkens, der sie, unter der Führung von einigen energischen Leuten, zur Revolte trieb. Er blitzte auf in Gestalt eines Liedes, das als „Zündstoff in die gährenden Gemüter fiel". Es ist das Weberlied, dessen Autor unbekannt geblieben ist. Es ist zu singen nach der Melodie „Es liegt ein Schloß in Österreich" und heißt „Das Blutgericht". ...

Damals, zur Zeit des Weberaufstandes, im Vormärz, war das große Agens der Weltgeschichte, das in dem einen Worte „Freiheit" beschlossen liegt, untrennbar verknüpft gewesen mit den Zielen Nationalstaat und Verfassung. Mittlerweile hatten die motorischen Kräfte des Freiheitsgedankens sich mit dem Ruf nach sozialer Gerechtigkeit verbunden. Die Mischung konnte explosiv werden. Sie rüttelte an den Grundfesten der gesamten Gesellschaftsordnung. Die bürgerlichen Freiheiten waren zwar garantiert. Aber wie stand es mit den Resten des Feudalismus? Zwar gab es keine Gewerbeordnung und in ihrem Rahmen die Koalitionsfreiheit. Doch galt sie nur für die Angehörigen der gewerblichen Wirtschaft. Landwirtschaftliche Arbeiter, Seeleute und das gesamte Gesinde waren von ihr ausgenommen. Ein neues, liberales Strafrecht war eingeführt. Von Gerechtigkeit im bürgerlichrechtlichen Sinne vermochten aber ganze Bevölkerungsgruppen nur herzlich wenig zu verspüren: das träge bäuerliche und das dynamische, seiner selbst bewußt gewordene und überwiegend sozialistisch gesonnene Industrie-Proletariat.

Die Mentalität der herrschenden Schicht war noch weitgehend von Vorstellungen geprägt, die in ihrem Kern absolutistisch und feudalistisch waren. Der Einfluß des Landadels, vornehmlich des ostelbischen, auf politische und wirtschaftliche Entscheidungen war unverhältnismäßig groß. Er stand in einem natürlichen Gegensatz zur rasch fortschreitenden Industrialisierung. Die Zeit wäre zwar reif gewesen für den notwendigen Schritt vom formalen Rechtsstaat zur gesellschaftlichen Demokratie, die getrost, auch mit Zustimmung der Arbeiterschaft, eine konstitutionelle Monarchie hätte sein können. Aber die führenden Kräfte waren zu einem solchen Schritt nicht bereit. Er lag außerhalb ihres Bewußtseins.

(aus: Hans Schwab-Felisch, Gerhard Hauptmann, Die Weber)

49 Hugo von Hofmannsthal: Ballade des äußeren Lebens

Und Kinder wachsen auf mit tiefen Augen,
Die von nichts wissen, wachsen auf und sterben,
Und alle Menschen gehen ihre Wege.

Und süße Früchte werden aus den herben
Und fallen nachts wie tote Vögel nieder
Und liegen wenige Tage und verderben.

Und immer weht der Wind, und immer wieder
Vernehmen wir und reden viele Worte
Und spüren Lust und Müdigkeit der Glieder.

Und Straßen laufen durch das Gras, und Orte
Sind da und dort, voll Fackeln, Bäumen, Teichen,
Und drohende, und totenhaft verdorrte . . .

Wozu sind diese aufgebaut? und gleichen
Einander nie? und sind unzählig viele?
Was wechselt Lachen, Weinen und Erbleichen?

Was frommt das alles uns und diese Spiele,
Die wir doch groß und ewig einsam sind
Und wandernd nimmer suchen irgend Ziele?

Was frommts, dergleichen viel gesehen haben?
Und dennoch sagt der viel, der „Abend“ sagt,
Ein Wort, daraus Tiefsinn und Trauer rinnt

Wie schwerer Honig aus den hohlen Waben.

(aus: Hugo von Hofmannsthal, Gesammelte Werke in Einzelausgaben, Bd. 1)

50 Börries Freiherr von Münchhausen: Der Wahlspruch der Beaumanoirs

Hat jedes alte Geschlecht seinen eigenvererbten Zug,
Die Stuarts hängen am Weibe, die Orlows kleben am Krug,
Die Sándors leben in Sattel und Bügel viel hundert Jahr,
Aber lachen können am besten die Grafen von Beaumanoir. –

Dreißig edele Vettern, blauäugig und blond von Haar,
Dreißig Grafen sitzen im Saale von Beaumanoir,
Wein fließt übers Tafellaken, Wein fließt die Koller herab,
Und wo dreißig Edele zechen, ists nicht wie im Kloster La Trappe!

Dreißig englische Ritter sprengen am Schlosse hin,
Langweilig gar ist die Reise, ein Kampf ist Kurzweil darin, –
Sechzig Lanzen legen sich an die Ganaschen im Nu, –
Neunundfünfzig Lanzen brechen, und die Herzen dazu.

Ein Knabe allein ist übrig, blauäugig und blond von Haar,
Laut lachend reitet zum Schlosse der letzte Beaumanoir,
Lachend trat er in die Halle und lachte, als er trank:
„Mit diesem Schluck sag ich England für ein Lachen Dank!

Mein Vetter Gaston taumelt, Blut rinnt über sein Gesicht,
Er bittet um einen Helm Wassers, der englische Ritter spricht:
‚Was, Wasser für den Edeln?! Sauf dein Blut, Beaumanoir!'
Ich hörte im ganzen Leben keinen bessern Witz fürwahr!

Nicht wächst am Rhein so Edeles, noch in der Normandie,
Und auch in der Provence kein Wein so stolz gedieh,
Als Blut aus unserm Stamme, drum sei für immerdar
Der Wahlspruch meines Hauses: ‚Bois ton sang, Beaumanoir!'" – – –

Hat jedes alte Geschlecht seinen eigenvererbten Zug,
Die Stuarts hängen am Weibe, die Orlows kleben am Krug,
Die Sándors leben in Sattel und Bügel viel hundert Jahr,
Aber lachend das Grausen besiegen kann nur ein Beaumanoir.

(aus: Börries Freiherr von Münchhausen, Das dichterische Werk in zwei Bänden, Bd. 1)

51 Robert Neumann: Der von Trawerz

Eine Ballade
Nach Börries von Münchhausen

Sitzt man reicher zu Rosse als Baron Horst Trawerz.
Trägt keiner am rechteren Flecke das deutsche, pochende Herz.
„Mir nach!" sprengt Herzog Wilhelm voran gegen Mars la Tour.
Sechshundert Husarenschwadronen brausen auf seiner Spur.

Sechshundert Schwadronen Säbel mähen die feindlichen Reih'n.
Die Fahne? Man hat sie vergessen! Sie schwankt seitab und allein.
Die Fahne! Die deutsche Fahne! Der Franzmann erspäht sie und lacht:
„Allons, wir erobern den Fahne! Dann ist gewonnen der Slacht!"

Zwölftausend Franzosendragoner klirren heran wie Erz.
Die deutsche Fahne verloren?! Noch atmet Baron Trawerz!
„Und kann ich die Fahne nicht retten – ihr werdet sie nicht entweih'n:
In einem deutschen Magen soll sie begraben sein!"

Schon löst er die alte Seide, schon schiebt er sie in den Mund –
Zwölftausend Franzosen schwingen die Säbel drohend im Rund.
Schon schluckt er die Fahnenbänder – das letzte schaut noch hervor –
Zwölftausend Wutschreie gellen ihm in das brechende Ohr.

Nur die Stange noch! Und er knabbert. Verschlingt die Hälfte mit Lust –
Zwölftausend Franzosensäbel fahren in seine Brust.
Saß mancher reicher zu Rosse als Baron Horst Trawerz.
Trug keiner am rechteren Flecke das deutsche, pochende Herz.

(aus: Robert Neumann, Mit fremden Federn)

52 Frank Wedekind: Brigitte B.

Ein junges Mädchen kam nach Baden,
Brigitte B. war sie genannt,
Fand Stellung dort in einem Laden,
Wo sie gut angeschrieben stand.

Die Dame, schon ein wenig älter,
War dem Geschäfte zugetan,
Der Herr ein höherer Angestellter
Der königlichen Eisenbahn.

Die Dame sagt nun eines Tages,
Wie man zu Nacht gegessen hat:
Nimm das Paket, mein Kind, und trag' es
Zu der Baronin vor der Stadt.

Auf diesem Wege traf Brigitte
Jedoch ein Individuum,
Das hat an sie nur eine Bitte,
Wenn nicht, dann bringe er sich um.

Brigitte, völlig unerfahren,
Gab sich ihm mehr aus Mitleid hin.
Drauf ging er fort mit ihren Waren
Und ließ sie in der Lage drin.

Sie konnt' es anfangs gar nicht fassen,
Dann lief sie heulend und gestand,
Daß sie sich hat verführen lassen,
Was die Madam begreiflich fand.

Daß aber dabei die Turnüre
Für die Baronin vor der Stadt
Gestohlen worden sei, das schnüre
Das Herz ihr ab, sie hab' sie satt.

Brigitte warf sich vor ihr nieder,
Sie sei gewiß nicht mehr so dumm;
Den Abend aber schlief sie wieder
Bei ihrem Individuum.

Und als die Herrschaft dann um Pfingsten
Ausflog mit dem Gesangverein,
Lud sie ihn ohne die geringsten
Bedenken abends zu sich ein.

Sofort ließ er sich alles zeigen,
Den Schreibtisch und den Kassenschrank,
Macht die Papiere sich zu eigen
Und zollt ihr nicht mal mehr den Dank.

Brigitte, als sie nun gesehen,
Was ihr Geliebter angericht',
Entwich auf unhörbaren Zehen
Dem Ehepaar aus dem Gesicht.

Vorgestern hat man sie gefangen,
Es läßt sich nicht erzählen wo;
Dem Jüngling, der die Tat begangen,
Dem ging es gestern ebenso.

(aus: Frank Wedekind, Ausgewählte Werke in fünf Bänden, Bd. 1)

53 Leander Petzoldt: Bänkelsang

Als Bänkelsänger bezeichnet man eine Gruppe von Schaustellern, die auf Jahrmärkten, Messen, aber auch unabhängig von solchen Gelegenheiten, in Wort und Bild Ereignisse darstellen und mit Musikbegleitung vortragen, um das Publikum zum Kauf von Druckerzeugnissen anzuregen.

Wie der Name sagt, gehört die *Bank,* das erhöhte Podest zu den Utensilien des Bänkelsängers, das ihn über die Menge heraushebt. Dies hat er mit den meisten Schaustellerberufen gemeinsam, die darauf angewiesen sind, durch Wort oder Musik auf die Menge einzuwirken, um etwas zu verkaufen. Charakteristisch für den Bänkelsänger ist jedoch das große, rechteckige, auf Leinwand oder Wachstuch gemalte *Bild* (Schild), auf dem die Geschichte, in einzelne Episoden zerlegt, bildlich dargestellt ist. Neben Podest und Schild gehört Musikbegleitung zum Vortrag des Bänkelsängers. Mit einem *Stab* deutet der Sänger auf die einzelnen Episoden, während ein weiteres Mitglied seiner Truppe dem Publikum gedruckte Texte feilbietet. Diese Bänkelsängerheftchen, meist im Oktav-Format mit jeweils acht Seiten (½ Bogen), enthalten die Geschichte in Prosa und in Liedform. Das Auftreten des Bänkelsängers und sein Gesang dienen in erster Linie der Anlockung des Publikums, um diese Heftchen zu verkaufen; sie stellen seinen einzigen Verdienst dar. ...

Die abwertende Bedeutung der Bezeichnung ‚Bänkelsänger' resultiert aus dem niedrigen sozialen Rang der Vertreter dieses Gewerbes, den sie mit anderen Vertretern des Fahrenden Gewerbes teilten. In den Bildquellen des 17. und 18. Jh. werden die Bänkelsänger in der Regel ärmlich und zerlumpt dargestellt. In der Hauptsache rekrutierten sich die Vertreter dieses Metiers aus Fahrenden und

Landstreichern, die darin keinen Beruf sahen, sondern einen temporären Gelderwerb. ... Fahrende, deren sozialer Rang gleich niedrig ist wie der des späteren Bänkelsängers – Spielleute, Zeitungssinger, Marktschreier, Quacksalber, Liederverkäufer, Kalenderkrämer – gehören zu den Vorläufern dieses Gewerbes. ...

Die Drehorgelspieler und Bänkelsänger rekrutierten sich in den Anfängen fast ausschließlich aus der Schicht der Unterprivilegierten, aus Menschen, die zum Teil auch durch Kriegsverletzungen vom Arbeitsprozeß ausgeschlossen waren. Dementsprechend niedrig war ihr Prestige in der Bevölkerung und ihr sozialer Rang. Erst gegen Ende des 19. Jh.s und zu Beginn des 20. Jh.s änderte sich dies; vornehmlich in Deutschland, wo die Bänkelsänger im Familienverband über Generationen hatten Vermögen ansammeln können. Dies war möglich in dem Moment, in dem aus der temporären Ausübung des Gewerbes ein Unternehmen geworden war, das vorwiegend in den Großstädten seinen mehr oder weniger regelmäßigen Verdienst fand.

Erst in der zweiten Hälfte des 19. Jh.s zeigen sich Ansätze zu einem Selbstbewußtsein und zu einer Berufsprofilierung, die mit einer Bindung an das Gewerbe einhergeht. Diese Bindung an den Wanderberuf des Bänkelsängers erfordert zunächst mit dem Erwerb von Schildern eine erhebliche Kapitalinvestition, und es zeigt sich eine für das Wander- und Schaustellergewerbe charakteristische Entwicklung in der Bildung von Familiendynastien. Aus der temporären Berufsausübung durch einzelne wird ein durch mehrere Generationen vererbtes Gewerbe, das von 3–4 Personen, meist Familienangehörige, ausgeübt wird. ...

Vom Zeitungslied zum Bänkelsang tritt ein echter Funktionswandel ein. Erfüllte das Zeitungslied mit fast der gleichen Thematik wie später der Bänkelsang noch die Aufgabe, „aktuelle“ Berichterstattung zu geben, wenigstens bis zum regelmäßigen Erscheinen von Wochen- bzw. Tageszeitungen, so hat fortan der Bänkelsang eine vorwiegend unterhaltende Funktion, ohne indes auf eine relative Aktualität wie auch auf eine didaktisch-moralische Komponente ganz zu verzichten. Eng damit ist seine räumliche Beschränkung auf Jahrmärkten und Messen verbunden. ...

Von der Funktion her erfüllten die Einblattdrucke, Flugblätter und Zeitungslieder die Aufgaben der „aktuellen“ Nachrichtenvermittlung; aktuell freilich in einem anderen Sinne, als es heute verstanden wird. In einer Zeit, die noch keine Massenmedien in unserem Sinne kannte und in der sozialer Konnex nur zu einem geringen Teil durch Druckwerke, Flugblätter, häufiger jedoch nur durch die persönliche Kontaktaufnahme einer Gewährsperson ermöglicht wurde, konnte der Begriff Aktualität nur relative Gültigkeit besitzen. Aktuell war alles, was der Masse fremd und unbekannt sein mußte und was aus dem Alltagsleben herausragte. Entsprechend breit ist der Themenkatalog der Flugblattliteratur: Naturereignisse, Himmelszeichen, Wundergeburten, Familientragödien, Mord und Raub, frevelhafte Handlungen, aber auch religiöse und politische Themen: Hostienfrevel, Teufelsbündnisse, die Schlacht von Pavia, die Türkenkriege oder andere Ereignisse wie das Erdbeben zu Lissabon. Bereits die frühesten Neuen Zeitungen des 16. Jh.s bringen Berichte über Hinrichtungen, Kindsmord, Wassernot, Verbrechen neben Nachrichten über Kriegsläufte, Berichten aus Brasilien, Ungarn, Polen, den Niederlanden und anderen Ländern.

Von seinen Vorläufern unterscheidet sich der Bänkelsang jedoch durch den Verzicht auf echte Aktualität. Dies widerspricht nicht der Tatsache, daß der Bänkelsänger

speziell bei Hinrichtungen (s. u.) von Verbrechern durchaus aktuell sein konnte, doch wurden diese Themen dann noch jahrelang verkauft.
Die echte oder fiktive Aktualität liefert gleichzeitig den direkten oder indirekten Wahrheitsbeweis für das Ereignis. Der Bänkelsang schildert wahre oder für wahr gehaltene Geschehnisse; der Wahrheitsgehalt liegt dabei für den Zuschauer bzw. Leser weniger in der Realität des Geschehens als in seinem Neuigkeitscharakter und in der Allgemeingültigkeit der Begebenheit. Die exakte Datierung ist häufig nur Chiffre für den potentiellen Wahrheitswert einer Geschichte, für das „es könnte so gewesen sein". ...
Dabei tragen auch historische Gestalten den Stempel der Neuigkeit im Sinne des Unbekannten. Der Wahrheitsanspruch des Bänkelsangs ist ebenso gesichert wie einige Jahrhundert früher derjenige der Volkssage, nur stammen die Gegenstände aus der realen Umwelt und nicht aus dem Bereich der kollektiven Mythologie. Der Bänkelsang verbindet gewissermaßen Unterhaltung mit Belehrung (und zwar in dieser Reihenfolge), die über das Vehikel des Gefühls vermittelt werden. ...
Der Bänkelsänger vollzieht die Wendung vom aktuellen Bericht zum publikumswirksamen, Aktualität vortäuschenden Bericht, der im Repertoire bleibt. Gleichzeitig ist eine Verengung des Stoffgebietes auf das Grauenerregende und Sentimentale hin zu beobachten. ...
Die frühen Bänkelsänger waren gleichzeitig Autoren und Verleger ihrer Heftchen. Sie wählten sich einen historischen, prodigiösen oder auch aktuellen Stoff aus, bearbeiteten ihn und ließen diese Bearbeitung in einer kleinen Druckerei drucken.
Erst mit dem Entstehen größerer Verlage (s. u.), die sich auf populäre Lesestoffe und insbesondere auf Bänkelsängertexte und Liederhefte spezialisierten, wurde die Aufgabe der Stoffbeschaffung und Bearbeitung für den Bänkelsängertext von den Verlagen übernommen. Sie hatten dafür ‚Hausdichter', Lehrer oder Volksdichter angestellt, die jeweils ihren Stoff in Prosa nacherzählten und mit Versen versahen. ...
Die Autoren, seien es nun die Bänkelsänger selbst oder Gelegenheitsdichter, die für einen Verlag arbeiteten, erfanden ihre Stoffe niemals frei. Sie hielten sich immer an vorgegebene Berichte, Bearbeitungen, Dichtungen. Die Unterlagen für Bänkelsängertexte über berühmte Prozesse wurden gelegentlich, soweit sie nicht aktuell waren, dem „Neuen Pitaval" entnommen; oft dienten ganz einfach auch Zeitungsberichte als Ausgangsmaterial. ...
In der Frühzeit des Bänkelsangs, vor der Einführung der Drehorgel bzw. Singorgel mit ihrer beschränkten Anzahl von Tönen (= Melodien), wurde der Bänkelsänger von den verschiedensten Instrumenten begleitet. Bildliche Darstellungen des 18. Jh.s zeigen vorwiegend Harfe und Geige als Begleitinstrumente. Das erlaubte dem Bänkelsänger natürlich eine gewisse individuelle Bewegungsfreiheit in der Auswahl seiner Melodien, trotzdem war der Melodienvorrat des Bänkelsängers wohl immer beschränkt. Vor der Einführung der Walzenorgel benutzte der Bänkelsänger neben der Harfe auch die Drehleier, die Fiedel, die Gitarre, letztlich alle jenen Instrumente, die auch von anderen Schaustellern und Straßenmusikanten gebraucht wurden. Für den Wiener Bänkelsang war zunächst die Harfe das charakteristische Instrument, das bis ins 19. Jh. hinein benutzt wurde, zeitweilig neben der damals aufkommenden Walzenorgel. Diese Orgeln, speziell hergestellt für die Bedürfnisse der Drehorgelspieler und Bänkelsänger, mußten leicht transportierbar sein, wie etwa das „Wiener Werkel". ...
Die im Bänkelsang dargestellten und be-

richteten Vorgänge werden oft in ferne Länder verlegt; zwangsläufig ergibt sich daraus auch eine zeitliche Distanz der Ereignisse. ...
Die Bevorzugung fremder Erdteile und Städte erklärt sich aus dem Hang der konsumierenden Schichten zur ‚Exotik‘. Gerade das „sehr Ferne“ wird in intensiverer Weise in das kleinbürgerliche Leben integriert als das über den nächsten Nachbarn Hinausgehende. ...
Wortwahl und Wortverwendung sind ein verläßlicher Indikator für geistige Haltungen. Wertsysteme werden durch sprachliche Mittel ausgedrückt: im Trivialroman wie im Bänkelsang. Die Grundhaltung des Bänkelsangs, ein autoritätsgläubiger, neuerungsfeindlicher Konservatismus läßt sich durch den signifikant hohen Anteil an Eigenschaftswörtern belegen. ...
Hand in Hand mit dem Gebrauch dieser sprachlichen Mittel geht eine drastische und affektiv wirkende Schilderung der grausamsten und blutrünstigsten Szenen, wie die Mutter ihr Kind zerschneidet.
Der Wortschatz des Bänkelsängers ist beschränkt aber drastisch, er liebt die Übertreibung. Im Bänkelsang herrscht ‚unbeschreibliche Aufregung‘, jede Untat erregt ‚ungeheures Aufsehen‘. Jedes Unglück wird in den schrecklichsten Farben geschildert. ...
Geht es um die Darstellung von Liebesbeziehungen im Bänkelsang so tritt zu der ambitionierten Sprache das Sentiment. Die Liebenden schwören sich „ewige Liebe und Treue“, und bei dem Gedanken an Trennung will ihnen das Herz brechen. Die Geliebte ist schön, dazu tugendhaft und sanft; der Liebhaber ein „feuriger Jüngling“, der zu den schönsten Hoffnungen berechtigt. ...
Dem Zuhörer wird im Bänkellied eine falsche Realität vorgestellt, illusionär und von unwirklicher Harmonie. Es ist die gleiche Verzeichnung der Verhältnisse, die auch im populären Trivialroman herrscht. Dabei ist die Sprache der Moritaten keineswegs volkstümlich, sondern ambitioniert und abstrakt, denn sie will die ‚dunkle Tiefe des menschlichen Herzens‘ ergründen. Die Bilder sind gesucht und schief, wenn es etwa heißt: „Keine dichterische Phantasie kann die schreckliche Begebenheit mit lebhafteren Farben darstellen, als in welche die Thatsachen ihren Pinsel getaucht haben.“ ...
Die Darstellung von Verbrechen, Diebstählen, Morden, Greueltaten steht unter der Tendenz, das Böse so zu schildern, damit der Sieg der irdischen Gerechtigkeit um so strahlender hervortritt. Gerade hier ist das Stilelement der Häufung vorherrschend. Nicht nur die Adjektive häufen sich, sondern auch die Unglücksfälle und Mordtaten. ...
Abgesehen von der für den Bänkelsang spezifischen Sprechsituation treffen auf die hier verwendeten Texte weitgehend die gleichen Merkmale zu, die für die Erzeugnisse der Massenliteratur, Heftchen-, Groschen- bzw. Illustriertenromane gelten: Typisierung, Scheinproblematik, Banalität, um nur einige Merkmale zu nennen. Auch die Bedeutung des Schicksals – des eigentlichen movens im Trivialroman – ist unübersehbar. Bei bestimmten Themen, die zudem durch die räumliche Distanz entschärft werden, steht das persönliche Schicksal des einzelnen paradigmatisch für das Walten des Schicksals im Bereich der Mächtigen.

(aus: Leander Petzoldt, Bänkelsang)

Der Bänkelsänger spielt Violine, seine Begleiterin singt und erklärt die einzelnen Episoden mit dem Zeigestab. Zugleich hält sie die für den Verkauf bestimmten Abbildungen des Gnadenbildes (Andachtsbilder) bzw. des Wallfahrtsmirakels in der Hand. (Anonyme Kreidelithographie, um 1830)

Bänkelsängerpaar mit Drehorgel. Die Bildunterschrift lautet: „Was ist denn das für ein Gebrüll? denn Gesang kann man es nicht nennen! Das sind Bänkelsänger. Auf die Tafel, welche die Frau an der Stange hält, sind Mordgeschichten, Feuersbrünste usw. abgebildet, und der Mann und die Frau singen mit Begleitung der Drehorgel die Erklärung dazu ab, während ein Dritter dieselbe gedruckt zum Verkauf ausbietet. Da kaufen sie denn die Leute und lesen sie zu Hause nach." Anonym. Wohl Fragment eines didaktischen Bilderbogens oder einer Kinderfibel.

(beide aus: Leander Petzoldt, Die freudlose Muse)

55 Anonym:
Natürliche Vorstellung u. accurater Abriß des ermordeten Franciscus Hortig

ehemal. Franciscaners aus dem Kloster Rastadt
welchen im 30. Jahr seines Alters
den 1. May d.J. früh um 1. Uhr
ein Soldat zu Erlangen
Namens Freymann

der ein gelernter Jäger, aus dem Fränkischen gebürtig, u. bey 20. Jahr alt ist, auf eine erstaunliche und unerhörte Art erbärmlich um das Leben gebracht

nebst einer Ode
von der ganzen Begebenheit
dieser
grausamen Mordthat

Anno 1756.

1.

Ein Mordgeschrey! o Uebelthat!
Hört man in Erlang wimmern,
Ein böser Mensch, der ein Soldat,
Haut einen fast in Trümmern.

2.

Derselbe fromme Mann, der war
Aus Sulzbach her gebürtig;
Dort stellt' er sich als Mönche dar,
Und lebte stets ehrwürdig.

3.

Als er nun schon geraume Zeit,
Im Kloster Rastadt lebte;
So sah er ein, daß er sehr weit
Im Glaubens Irrthum schwebte.

4.

Deswegen gieng er aus der Zell,
Und wollte Luth'risch werden;
Ihm schien das Licht des Glaubens hell
Bey evangel'schen Heerden.

5.

Von Erlang gieng er nach Bayreut,
Sich etwas zu erflehen.
Drauf kommt er wiedrum an, bereit
Nun weiters fort zu gehen.

6.

Was er daselbst geschenkt bekam,
Erzehlt er hier mit Freuden;
Der Soldat, so diß auch vernahm,
That sich zum Mord bereiten.

7.

Da er dem Fremdling dienen soll,
Wie ihm Jemand befohlen;
So denkt er, wie ers machen woll',
Sein Gut an sich zu hohlen.

8.

Er wart't biß jener schlafend ruht,
Dann greift er nach dem Gelde;
Sticht, haut und würgt, versprizt mehr Blut,
Als je ein Feind im Felde.

9.

Der Unschuld half kein wünselnd Ach,
Ja kein erbarmend Bitten;
Zwey Waffen übten solche Rach,
Daß alle Glieder litten.

10.

Der grösern Wunden sind sehr viel,
Das Bild bemerkt sie fleisig,
Ohn' daß man kleinre rechnen will,
So zehlt man über dreysig.

11.

Die linke Hand war ganz entzwey,
Ein Finger weg geflogen;
Man sah auch gleiche Tyranney
Am rechten Ellenbogen.

12.

Viel Hiebe hat das Haupt gefühlt.
Leib, Brust, Herz, hat der Degen
Viel mehr als 20mal durchwühlt.
O schröckliches Erlegen!

13.

Der Bösewicht hat selbst die That
Sogleich an Tag gegeben,
Und vorgebracht: ein andrer hat
Genommen ihm das Leben.

14.

Doch als er sich bald selbst verrieth,
Mit eignen Worten schluge;
So nahm man ihn gefangen mit:
Gleich g'stund er vom Betruge.

15.

Es wird der mörderische Dieb
Sein Urtheil bald empfangen;
Dann soll, was jetzt noch dunkel blieb,
Ans Tages Licht gelangen.

16.

Ein jeder nehme sich in acht
Für Satans bösen Wegen;
Wer stets für seine Seele wacht,
Geniest des Himmels Segen.

(aus: Wolfgang Braungart, Bänkelsang)

56 Franz Josef Degenhardt: Tonio Schiavo

Das ist die Geschichte von Tonio Schiavo,
geboren, verwachsen im Mezzo-giorno,
Frau und acht Kinder, und drei leben kaum,
und zweieinhalb Schwestern in einem Raum.
Tonio Schiavo ist abgehaun.
Zog in die Ferne,
ins Paradies,
und das liegt irgendwo bei Herne.

Im Kumpelhäuschen oben auf dem Speicher
mit zwölf Kameraden vom Mezzo-giorno
für hundert Mark Miete und Licht aus um neun,
da hockte er abends und trank seinen Wein.
Und manchmal schienen durchs Dachfenster rein
richtige Sterne
ins Paradies,
und das liegt irgendwo bei Herne.

Richtiges Geld schickte Tonio nach Hause.
Sie zählten's und lachten im Mezzo-giorno.
Er schaffte und schaffte für zehn auf dem Bau.
Und dann kam das Richtfest, und alle waren blau.
Der Polier, der nannte ihn „Itaker-Sau".
Das hört er nicht gerne
im Paradies,
und das liegt irgendwo bei Herne.

Tonio Schiavo, der zog sein Messer,
das Schnappmesser war's aus dem Mezzo-giorno.
Er hieb's in den harten Bauch vom Polier,
und daraus floß sehr viel Blut und viel Bier.
Tonio Schiavo, den packten gleich vier.
Er sah unter sich Herne,
das Paradies,
und das war gar nicht mehr so ferne.

Und das ist das Ende von Tonio Schiavo,
geboren, verwachsen im Mezzo-giorno:
Sie warfen ihn zwanzig Meter hinab.
Er schlug auf das Pflaster, und zwar nur ganz knapp
vor zehn dünne Männer, die waren müde und schlapp,
die kamen grad aus der Ferne – aus dem Mezzo-giorno –
ins Paradies,
und das liegt irgendwo bei Herne.

(aus: Kurt Bräutigam, Zugänge zum sozialkritischen und politischen Gedicht)

57 Auszug aus einem Interview mit Franz Josef Degenhardt

Warum singen Sie politische Lieder und was versprechen Sie sich davon?

Zunächst einmal: ich bin Liedermacher und Liedersänger, das ist mein Job. Dann bin ich nahezu ausschweifend politisch interessiert, und das zeigt sich selbstverständlich in meinen Liedern, und darum sind meine Lieder politische Lieder.
Welche Wirkungen politische Lieder haben, darüber liegen wenig Informationen vor. Was ich u. a., aber nicht ausschließlich, mit den Liedern erreichen möchte, ist, beizutragen zum Abbau antisozialistischer und antikommunistischer Vorurteile. Dann hat sich gezeigt, daß im bürgerlichen Kunstbetrieb ein Vakuum entstanden ist. Da möchten wir hinein. Es ist deshalb für uns wichtig, in die Konzertsäle, Theater und Musikhallen zu kommen, um dem Publikum, das dorthin geht, mal etwas anderes zu bieten als „Minna von Barnhelm", Streichquartette, Operetten und Schlager.
. . .

Sie wollen also alle ansprechen, nicht nur eine bestimmte Gruppe?

Ich habe, wenn ich in Konzertsälen auftrete, eine bestimmte Zielgruppe, nämlich die, die in diese Konzertsäle kommen. Das sind Schüler, Lehrlinge und Angestellte. Hier und da auch Arbeiter.

Ist das wirklich so? Wir haben festgestellt, daß sich auch in Ihren Konzerten in den vorderen Reihen ein Publikum aufhält, das sich da auch sonst immer einfindet, herzlich über alles lacht, und im Grunde überhaupt nichts kapiert.

Aber selbstverständlich kapiert es. Es lacht, weil es einverstanden ist. Und es lacht, weil es versteht, daß der Versuch einer Rechtfertigung der bestehenden Ordnung nur noch lächerlich ist. Wir wollen auch, daß dieses Lachen ansteckt, zum großen Gelächter wird, das schließlich den Herrschenden im Halse stecken bleibt.

Aber glauben Sie, daß Sie dadurch ansprechen?

Selbstverständlich spreche ich an. Sonst würde niemand kommen oder meine Platten kaufen.

(aus: Heinz Ludwig Arnold, Franz Josef Degenhardt)

58 Wolf Biermann: Die Ballade von dem Drainage-Leger Fredi Rohsmeisl aus Buckow

I

Das ist die Ballade von Fredi Rohsmeisl
Drainage-Leger auf den Äckern um Buckow
Gummistiefel hoch bis zum Bauch
Sein Häuschen links am Fischerkietz.
Bei Lene Kutschinsky war Tanz
Er hat auseinander getanzt
Mit seiner Verlobten – das war verboten
Na schön . . .

Junge, ich hab Leute schon tanzen sehn
Junge, das war manchmal schon nicht mehr schön.
Aber schadet uns das?
Nein.

2

Und als er so wild auseinander tanzt
Die Musik war heiß und das Bier war warm
Da hatten ihn plötzlich zwei Kerle am Arm
Und schmissen ihn auf die Taubengasse.
Und schmissen ihn über den Lattenzaun
Und haben ihn in die Fresse gehaun
Und er hatte noch nichts getan
Und hatte den hellblauen Anzug an.

Junge, ich hab Leute schon schlagen sehn
Junge, das war manchmal schon nicht mehr schön.
Aber nützt uns das?
Nein.

3

Da hat Fredi Rohsmeisl beide verrammt
Zwei links zwei rechts er traf genau
Und waren zwei große Kerle die zwei
Halb Buckow sah ihm zu dabei.
Das Überfallauto kam antelefoniert
Hat Fredi halb tot gehaun
Das haben die Buckower Männer gesehn
Und auch die Buckower Fraun.

Junge, ich hab Leute schon zusehn sehn
Junge, das war manchmal schon nicht mehr schön.
Aber nützt uns das?
Nein.

4

Dann kriegte er einen Prozeß an Hals
Als Konterrevolutionär
Wo nahm der Staatsanwalt nur das Recht
Für zwölf Wochen Knast her?!
Seitdem frißt ihn ein stiller Zorn
Und nach dem zehnten Bier
Erzählt er Dir seine große Geschichte
Von hinten und auch von vorn.

Junge, ich hab Leute schon weinen sehn
Junge, das war manchmal schon nicht mehr schön.
Aber nützt uns das?
Nein.

5

Und er findet noch kein Ende
Und er ist voll Bitterkeit
Und er glaubt nicht einen Faden
Mehr an Gerechtigkeit.
Er ist für den Sozialismus
Und für den neuen Staat
Aber den Staat in Buckow
Den hat er gründlich satt.

Junge, ich hab Leute schon fluchen sehn
Junge, das war manchmal schon nicht mehr schön.
Aber nützt uns das?
Nein.

6

Da gingen einige Jahre ins Land
Da gingen einige Reden ins Land
Da änderte sich allerhand
Daß mancher sich nicht wiederfand.
Und als der zehnte Sputnik flog
Da wurde heiß auseinander getanzt
Der Staatsanwalt war selbst so frei.
Und Fredi sah ihm zu dabei.

Junge, ich hab Leute sich ändern sehn
Junge, das war manchmal schon einfach schön.
Aber nützt uns das? (Ja.)

(aus: Wolf Biermann, Die Drahtharfe)

Die Ballade vom Drainageleger Fredi Rohsmeisl aus Buckow

59 Manfred Jäger: Frische Musenmilch und bitterer Wahrheitssaft

Ein Rückblick auf Biermanns frühe Jahre im Lichte heutiger Erfahrungen

Zu schreiben hat Biermann 1960 begonnen, da war er immerhin schon 24 Jahre alt. ...

Erst von 1953 an, als Biermann in die DDR ging, in sein Deutschland, war er dazu motiviert zu lernen, Wissen zu erwerben. Unter diesen günstigen Umständen entwickelten sich in dieser frei gewählten politischen Heimat die Fähigkeiten und Talente des Übersiedlers. Die Dankbarkeit dafür hat Biermann immer wieder ausgedrückt, auch nachdem Repräsentanten dieses Staates offene Feindschaft zeigten. Seine Identifizierung mit der DDR, die ehrlich und nicht opportunistisch war, mußte sich eben deswegen immer stärker mit solidarischer, kommunistischer Kritik anreichern. ... Nach zwei Jahren Studiums der politischen Ökonomie ging er für zwei Jahre (1957 bis 1959) als Regieassistent zum Berliner Ensemble. Brecht lebte nicht mehr, aber die Spuren des Meisters waren noch nicht verwischt. Die Brecht-Rezeption vollzog sich in der DDR ohnehin mit erheblicher Verspätung, unproportioniert und lückenhaft – eine Gesamtausgabe liegt immer noch nicht vor.

Nach diesen Lehrgängen am Theater studierte Biermann wieder bis 1964 an der Humboldt-Universität, diesmal Philosophie mit Mathematik als einem Spezialwahlfach innerhalb dieses Studiengangs. 1960, als Biermann mit Freunden eine Agitproprevue aus Anlaß des 150jährigen Bestehens der Universität unter den Linden vorbereitete, kam es wegen der Genehmigung, eine Brecht-Eisler-Vertonung verwenden zu dürfen, zu einem ersten Kontakt mit dem Komponisten, der Biermann wenig später zu sich einlud, um sich einige von dessen Liedern anzuhören. ... Der Komponist behielt leider ganz und gar unrecht mit seiner Hoffnung, es könnte gelingen, Rundfunk- und Fernsehstudios der DDR für Biermann zu öffnen. Auch später, in den wenigen Jahren, in denen der Liedsänger öffentlich auftreten konnte, blieben ihm die staatlichen Massenmedien verschlossen. In dem Song „Keine Party ohne Biermann" hat er sich über jene Fernsehverantwortlichen mokiert, deren Einladung an ihn, auch die *schlimmen* Lieder vortragen zu dürfen, nur für einen Besuch in der Privatwohnung galt.

Trotz solcher Einschränkungen hat Biermann es vermocht, von 1962 bis 1965 seiner Popularität in der DDR ein so festes Fundament zu errichten, daß es ihm mit Hilfe von Platten- und Buchveröffentlichungen in der Bundesrepublik und in Westberlin gelang, im Widerspruch zu der offiziellen Totschweigetaktik in dem Jahrzehnt danach auch in der DDR in vieler Munde zu bleiben. Er hat die Schwierigkeiten seiner Anfangsjahre für sich produktiv machen können, weil er auch in dem Hin und Her um seine Person und um seine Texte jene Widersprüche sich ausdrücken sah, die notwendigerweise einer sich unter konkreten historischen Umständen entwickelnden sozialistischen Gesellschaft eigen sind. Ungeteilte Zustimmung hat er nicht erwartet, er hat den Streit aufgenommen, zum Teil auch gesucht, obwohl er mit recht ungleichen Mitteln geführt wurde. Sich angesichts von Repressionen beleidigt in Schweigen zu hüllen – das durfte nicht die Antwort eines kämpferischen Marxisten sein. Manche

seiner Schriftstellerkollegen erfuhren von ihm hierzu freundschaftlichen Zuspruch oder auch bissigen Tadel. So mochte er es nicht billigen, daß Stephan Hermlin zum Beispiel sich in schwierigen Phasen zurückzog und zeitweilig verstummte.
Für Biermann und andere Debütanten war Hermlin als damaliger Leiter der Sektion Lyrik bei der Deutschen Akademie der Künste ein einflußreicher Mentor gewesen. Er hatte per Anzeige bekannte und unbekannte junge Dichter aufgefordert, unveröffentlichte Gedichte einzusenden, aus denen er eine Auswahl für einen Vortragsabend traf. Er erhielt über 1250 Gedichte, von denen er etwa 50 las, als die Veranstaltung der Akademie am 11. Dezember 1962 stattfinden konnte. An diesem Abend trat Wolf Biermann erstmals vor einem größeren Publikum öffentlich auf. Die Kulturpolitiker der SED drückten ihr Mißfallen aus; ... Biermann hatte an jenem Dezemberabend auch das bekannte Gedicht „An die alten Genossen" vorgetragen, das Begründungen für die Unzufriedenheit und Ungeduld der Jungen liefert. Daß es in der DDR, die mehr und mehr zur ‚sozialistischen Menschengemeinschaft' zusammenwachsen sollte, Konflikte zwischen den Generationen geben könnte, wurde von den alten Genossen in der Führung als bösartige Zumutung empfunden. Die gereizten Reaktionen erklären sich auch daraus, daß ähnliche Töne, wenn auch nicht so programmatisch zugespitzt, ebenso bei anderen Autoren zu hören waren, etwa bei Volker Braun oder Rainer Kirsch, aber auch bei unbekannteren Lyrikern, die auf den in jenen Jahren von der FDJ arrangierten literarisch-musikalischen Vortragsabenden auftraten. Allzu laut, so schien es den Verantwortlichen, wurde da ‚ich' gesagt und die geräuschlose Anpassung verweigert. Der offizielle Mißmut darüber schleppte sich durch ein paar Jahre, während derer Zuckerbrot und Peitsche die wechselnden Instrumente des kulturpolitischen Lavierens blieben. Mit dem Donnerschlag des elften Plenums im Dezember 1965 und dem sich anschließenden administrativen Repressionskurs suchte sich die Führung die Probleme vom Hals zu schaffen, lähmte dadurch für Jahre die Entwicklung des kulturellen Lebens und schuf sich neue Belastungen, von denen einige – trotz besserer Einsicht und trotz des zunehmenden Gespürs für flexiblere Lenkungsmethoden – bis heute nicht abgetragen werden konnten. ...

Biermann wurde immerhin geduldet, und er konnte 1964 und in den ersten Monaten des Jahres 1965 nach eigenen Angaben fast alles singen, was er bis dahin geschrieben hatte, freilich oft erst nach harten Diskussionen mit dem jeweiligen Veranstalter. *Damit Sie sich eine Vorstellung machen können über die politische Preislage, um die da verhandelt wurde, sage ich Ihnen so einen Titel wie „Die Ballade von dem Drainage-Leger Fredi Rohsmeisl", den ich mal singen durfte und mal nicht. Um den schwankte so in kleineren und größeren Amplituden die politische Diskussion.* Soweit Biermann im Gespräch mit dem Schweizer Interviewer Franz Hohler. Dieses Lied aus den „Buckower Balladen" blickt in heiterer Gelassenheit auf eine dogmatisch-sektiererische Etappe zurück. Es strahlt trotz einiger sarkastischer Tupfer einen für den Staat nützlichen Optimismus aus, denn die sogenannten Überspitzungen, hier die prüden Tanzsitten mit juristischen Weiterungen für den Regelverletzer, werden als überwunden dargestellt. Es wäre sehr nützlich, so die Nutzanwendung, wenn die noch bestehenden Mißstände ebenfalls durch die Einsicht der Verantwortlichen abgebaut werden könnten, auch wenn offenbleiben muß, ob jene Einsicht kaum mehr ist als eine opportunistische Anpassung an eine neue von oben ausgegebene Weisung:

Junge, ich hab Leute sich ändern sehn
Junge, das war manchmal schon einfach schön.
Aber nützt uns das? (Ja.)

Biermann wollte dieses Lied sowie weitere vier Lieder, nämlich „Was verboten ist, das macht uns gerade scharf“, „Kunststück“, „Warte nicht auf beßre Zeiten“ und die „Ballade von William L. Moore“ 1964 im Ostberliner Kabarett „Die Distel“ als Gast innerhalb des Programms „Zwischen Hamlet und Tokio“ vortragen. Obwohl ein Vertrag darüber rechtsgültig abgeschlossen wurde, haben höchste Stellen die Programmfolge geändert. Biermann durfte vier Lieder singen; von seinem ausgewählten Repertoire blieb nur die „Ballade von William L. Moore“ übrig. Weil er nicht immer dieselben genehmigten vier Lieder ableiern wollte, löste er von selbst das Engagement. ...

Jene positiven Lieder haben das Veröffentlichungs- und Auftrittsverbot in der DDR nicht aufhalten können, das Biermann am Jahresende 1965 ereilte. Es soll hier nicht erneut die Tonart dokumentiert werden, in der die Reden führender Politiker, die Grundsatzartikel, die beflissenen Zustimmungserklärungen einiger weniger Autoren und schließlich auch die Leserbriefe abgefaßt waren. Es wäre zu wünschen, daß manch einer der damaligen Wortführer der Anti-Biermann-Kampagne beim Wiederlesen wenigstens den Kopf schüttelte über seine damalige Ausdrucksweise. Es muß auch bezweifelt werden, daß der massive Druck zu einer ideologischen Stabilisierung führte. Solche spektakulären Eingriffe schaffen fatale Fakten und machen eine Administration völlig unbeweglich. Solange eine Zensur sich mit einzelnen Texten auseinandersetzt, kann darüber wenigstens intern diskutiert werden, es kann auch zur Wiedervorlage unter veränderten Bedingungen kommen. Richtet sich die Maßnahme aber gegen die Person, unterschiedslos gegen alles bisher von ihr Geschriebene wie gegen das Zukünftige, das keiner kennen kann, ist eine vernünftige Korrektur solcher Maßlosigkeit später sehr schwer möglich. Bisher hat es an der Kraft dazu gefehlt, obwohl hier und da ganz schwache Anzeichen eines guten Willens sichtbar wurden.

Biermann hat seine Kunst in den zehn Jahren seither ästhetisch differenziert und politisch präzisiert, er hat von seinen sozialistisch-kommunistischen Grundüberzeugungen kein Jota preisgegeben, er hat bürgerliche Angebote, der nützliche Märtyrer vom Dienst zu werden, entschieden abgelehnt, und er hat die westlichen Medien, die ihm offenstehen, dann benutzt, wenn sie seine Bedingungen akzeptierten, weil er mit Ausstrahlungen in sein Land, die DDR, rechnen kann.

(aus: Heinz Ludwig Arnold, Wolf Biermann)

60 Horst Haitzinger: Karikatur Biermanns

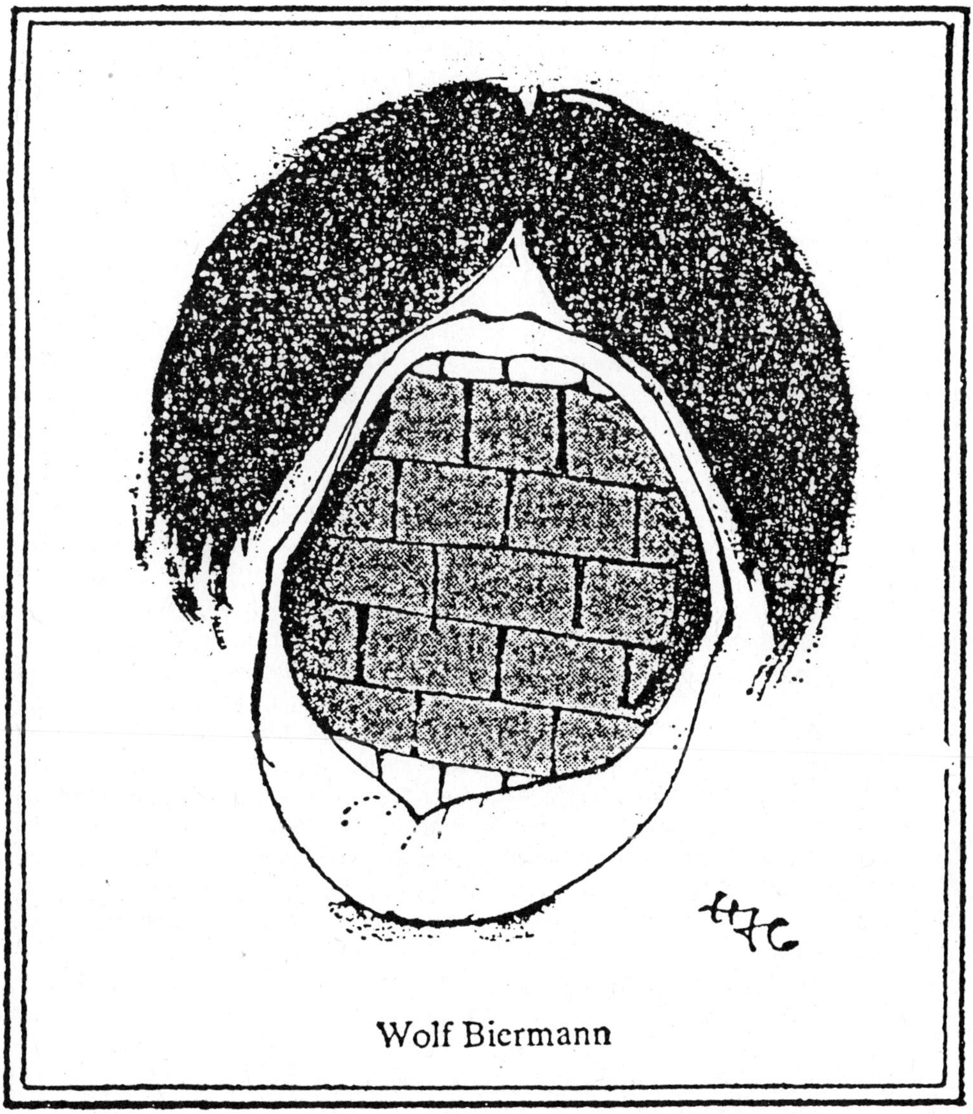

61 Bertolt Brecht: Legende von der Entstehung des Buches Taoteking auf dem Weg des Laotse in die Emigration

1

Als er Siebzig war und war gebrechlich
Drängte es den Lehrer doch nach Ruh
Denn die Güte war im Lande wieder einmal schwächlich
Und die Bosheit nahm an Kräften wieder einmal zu.
Und er gürtete den Schuh.

2

Und er packte ein, was er so brauchte:
Wenig. Doch es wurde dies und das.
So die Pfeife, die er immer abends rauchte
Und das Büchlein, das er immer las.
Weißbrot nach dem Augenmaß.

3

Freute sich des Tals noch einmal und vergaß es
Als er ins Gebirg den Weg einschlug.
Und sein Ochse freute sich des frischen Grases
Kauend, während er den Alten trug.
Denn dem ging es schnell genug.

4

Doch am vierten Tag im Felsgesteine
Hat ein Zöllner ihm den Weg verwehrt:
„Kostbarkeiten zu verzollen?“ – „Keine.“
Und der Knabe, der den Ochsen führte, sprach: „Er hat gelehrt.“
Und so war auch das erklärt.

5

Doch der Mann in einer heitren Regung
Fragte noch: „Hat er was rausgekriegt?“
Sprach der Knabe: „Daß das weiche Wasser in Bewegung
Mit der Zeit den mächtigen Stein besiegt.
Du verstehst, das Harte unterliegt.“

6

Daß er nicht das letzte Tageslicht verlöre
Trieb der Knabe nun den Ochsen an
Und die drei verschwanden schon um eine schwarze Föhre
Da kam plötzlich Fahrt in unsern Mann
Und er schrie: „He, du! Halt an!

7

Was ist das mit diesem Wasser, Alter?“
Hielt der Alte: „Intressiert es dich?“
Sprach der Mann: „Ich bin nur Zollverwalter
Doch wer wen besiegt, das intressiert auch mich.
Wenn du's weißt, dann sprich!

8

Schreib mir's auf! Diktier es diesem Kinde!
So was nimmt man doch nicht mit sich fort.
Da gibt's doch Papier bei uns und Tinte
Und ein Nachtmahl gibt es auch: ich wohne dort.
Nun, ist das ein Wort?“

9

Über seine Schulter sah der Alte
Auf den Mann: Flickjoppe. Keine Schuh.
Und die Stirne ein einzige Falte.
Ach, kein Sieger trat da auf ihn zu.
Und er murmelte: „Auch du?“

10

Eine höfliche Bitte abzuschlagen
War der Alte, wie es schien, zu alt.
Denn er sagte laut: „Die etwas fragen
Die verdienen Antwort.“ Sprach der Knabe: „Es wird auch schon kalt.“
„Gut, ein kleiner Aufenthalt.“

11

Und von seinem Ochsen stieg der Weise
Sieben Tage schrieben sie zu zweit.
Und der Zöllner brachte Essen (und er fluchte nur noch leise
Mit den Schmugglern in der ganzen Zeit).
Und dann war's soweit.

12

Und dem Zöllner händigte der Knabe
Eines Morgens einundachtzig Sprüche ein.
Und mit Dank für eine kleine Reisegabe
Bogen sie um jene Föhre ins Gestein.
Sagt jetzt: kann man höflicher sein?

13

Aber rühmen wir nicht nur den Weisen
Dessen Name auf dem Buche prangt!
Denn man muß dem Weisen seine Weisheit erst entreißen.
Darum sei der Zöllner auch bedankt:
Er hat sie ihm abverlangt.

(aus: Bertolt Brecht, Gesammelte Werke in 20 Bänden, Bd. 9)

Laotse, der das Reich verläßt, übergibt sein Werk Tao Te King, dem Grenzwächter.
(aus: Marianne Kesting, Bertolt Brecht)

63 Lau-Dse: Der achtundsiebzigste Spruch

In der Welt gibt es Schmiegsameres und Zarteres
Nicht als das Wasser.
Aber im Angreifen des Harten und Starren
Gibt es nichts, was es übertreffen könnte.
Es gibt nichts, wodurch es zu ersetzen wäre.
Darum:
Biegsam besiegt Starr,
Zart besiegt Hart;
Jeder in der Welt weiß das,
Aber keiner kann danach handeln.
Daher hat ein Berufener gesagt:
‚Wer den Staub des Landes auf sich nimmt,
Der ist der Herr des Erdaltars,
Wer des Landes Unheil auf sich nimmt,
Der ist der König des Reiches.'
Wahre Worte scheinen oft widersinnig.

(aus: Lau-Dse, Führung und Kraft aus der Ewigkeit)

64 Bertolt Brecht: Das Urteil, jene auszuwählen, in deren Händen die Wahrheit wirksam wird

Durch die jahrhundertelangen Gepflogenheiten des Handels mit Geschriebenem auf dem Markt der Meinungen und Schilderungen, dadurch, daß dem Schreibenden die Sorge um das Geschriebene abgenommen wurde, bekam der Schreibende den Eindruck, sein Kunde oder Besteller, der Mittelsmann, gebe das Geschriebene an alle weiter. Er dachte: Ich spreche, und die hören wollen, hören mich. In Wirklichkeit sprach er; und die zahlen konnten, hörten ihn. Sein Sprechen wurde nicht von allen gehört, und die es hörten, wollten nicht alles hören. Darüber ist viel, wenn auch noch zuwenig gesagt worden; ich will hier nur hervorheben, daß aus dem „jemandem schreiben" ein „schreiben" geworden ist. Die Wahrheit aber kann man nicht eben schreiben; man muß sie durchaus *jemandem* schreiben, der damit etwas anfangen kann. Die Erkenntnis der Wahrheit ist ein den Schreibern und Lesern gemeinsamer Vorgang. Um Gutes zu sagen, muß man gut hören können und Gutes hören. Die Wahrheit muß mit Berechnung gesagt und mit Berechnung gehört werden. Und es ist für uns Schreibende wichtig, wem wir sie sagen und wer sie uns sagt.

Wir müssen die Wahrheit über die schlimmen Zustände denen sagen, für die die Zustände am schlimmsten sind, und wir müssen sie von ihnen erfahren. Nicht nur die Leute einer bestimmten Gesinnung muß man ansprechen, sondern die Leute, denen diese Gesinnung auf Grund ihrer Lage anstünde. Und eure Hörer verwandeln sich fortwährend! Sogar die Henker sind sprechbar, wenn die Bezahlung für das Hängen nicht mehr einläuft oder die Gefahr zu groß wird. ....

(aus: Bertolt Brecht, Gesammelte Werke in 20 Bänden, Bd. 18)

65 Günter Kunert: Wie ich ein Fisch wurde

Am 27. Mai um drei Uhr hoben sich aus ihren Betten
Die Flüsse der Erde, und sie breiteten sich aus
Über das belebte Land. Um sich zu retten
Liefen oder fuhren die Bewohner zu den Bergen raus.

Als nachdem die Flüsse furchtbar aufgestanden,
Schoben sich die Ozeane donnernd übern Strand,
Und sie schluckten alles das, was noch vorhanden,
Ohne Unterschied, und das war allerhand.

Eine Weile konnten wir noch auf dem Wasser schwimmen,
Doch dann sackte einer nach dem andern ab.
Manche sangen noch ein Lied, und ihre schrillen Stimmen
Folgten den Ertrinkenden ins nasse Grab.

Kurz bevor die letzten Kräfte mich verließen,
Fiel mir ein, was man mich einst gelehrt:
Nur wer sich verändert, den wird nicht verdrießen
Die Veränderung, die seine Welt erfährt.

Leben heißt: Sich ohne Ende wandeln.
Wer am alten hängt, der wird nicht alt.
So entschloß ich mich, sofort zu handeln,
Und das Wasser schien mir nicht mehr kalt.

Meine Arme dehnten sich zu breiten Flossen,
Grüne Schuppen wuchsen auf mir voller Hast;
Als das Wasser mir auch noch den Mund verschlossen,
War dem neuen Element ich angepaßt.

Lasse mich durch dunkle Tiefen träge gleiten,
Und ich spüre nichts von Wellen oder Wind,
Aber fürchte jetzt die Trockenheiten,
Und daß einst das Wasser wiederum verrinnt.

Denn aufs neue wieder Mensch zu werden,
Wenn man's lange Zeit nicht mehr gewesen ist,
Das ist schwer für unsereins auf Erden,
Weil das Menschsein sich zu leicht vergißt.

(aus: Fritz Pratz, Moderne Balladen)

66 Definition der Parabel

Parabel (gr.): Lehrhafte Erzählung, die eine allgemeine Erkenntnis oder Lehre durch ein Beispiel aus einem anderen Lebensbereich deutlich werden läßt, z. B. die Parabel vom Verlorenen Sohn; Lessings Ringparabel im ‚Nathan'. Auch Kafkas Erzählungen sind zum Teil Parabeln.

(aus: Kunze, Karl/Obländer, Heinz, Grundwissen Deutsche Literatur)

67 Paul L. Kämpchen: Von den Typen der deutschen Ballade

I. Die heldische Ballade

Wenn wir das Wort Ballade hören, erwachen in uns Vorstellungen von Kampf und Sieg, von Ausharren und Bekennen, von Ruhm und würdigem Untergang. Heroisch nennen wir die Haltung, in der sich ein Übermaß von Tapferkeit, Mut, Treue, Selbstaufopferung und Liebe bekundet. Die Ballade, in der diese Haltungen gestaltet werden, liebt die germanisch-nordische Welt, beschwört Könige und Herren – Lebensbezirke, in denen wir von vorneherein eine gewisse heldische Stimmung erwarten. Es ist bezeichnend, daß der Ursprung der Ballade auf das germanische Heldenlied zurückweist.
Den ersten Höhepunkt der modernen heldischen Ballade bildet Schiller. Von dem Erlebnis der sittlichen Kraft im Menschen bestimmt, schuf er einen Typus des Balladenhelden, der die Macht des sittlichen Wollens bewährt. In seinem Ringen um Verwirklichung ideeller Werte hat der sittliche Mensch Kämpfe zu bestehen. Am ausdrucksvollsten verkörpert Damon in der ‚Bürgschaft' dieses Streben. ...
Fontane hat die heldische Ballade weiter entwickelt. Durch seine Vorbilder Strachwitz und die englischen Balladen war er auch in der Wahl seiner (englisch-schottischen und nordischen) Stoffe bestimmt. Doch bei Fontane nimmt der Klang der Waffen ab; er rückt die seelischen Spannungen und Kämpfe, das innere Heldentum, in den Vordergrund seines Gestaltens. ...

II. Die numinose Ballade

Mit dem Begriff Ballade verbinden sich ferner Vorstellungen von Schauer, Geheimnisvollem und Sinnverwirrendem. Diesen seelischen Gegebenheiten entsprechen einige Balladentypen, die man zusammenfassend als numinose Ballade charakterisieren kann.
Die genannten Affekte entstehen in der numinosen Ballade aus der Begegnung des Menschen mit dem Göttlichen. Die Religionswissenschaft, die das Erleben des Göttlichen zu bestimmen sucht, nennt das, was in jedem religiösen Erlebnis vorhanden ist, „numinos". Der erlebnistypischen Qualität des Numinosen entspricht ein Doppelcharakter; er ist abschreckend, furchterregend und zugleich anziehend und sinnverwirrend. Mit dem Abschreckenden ist das Geheimnisvolle im Wesen des Numinosen eng verbunden. Es entsteht vor allem dadurch, daß das Göttliche mit den Formen unseres Denkens nicht zu fassen ist; es ist etwas, das aus der Welt des uns Vertrauten herausfällt, etwas

„ganz Anderes". – Dichter und Theoretiker haben die Bedeutung der Balladentypen, in denen numinoses Erleben sich auswirkt, häufig betont. ...
Es zeigt sich, daß in der deutschen Balladendichtung immer wieder die Erfahrung des „ganz Anderen" gestaltet worden ist. Aus der Gesamtheit der numinosen Balladendichtung treten als ihre Hauptarten hervor: die naturmagische, die totenmagische und die Schicksalsballade. ...
In der totenmagischen Ballade tritt das Prinzip des Toten als Träger numinoser Kräfte auf. Die Toten gehören einer anderen Welt an. Ihre Sphäre und die der lebenden Menschen sind wesentlich voneinander verschieden. Wenigstens sehen die Lebenden den Kreis der Toten als etwas an, das mit ihrem eigenen Wesen unvergleichlich ist. Aus diesem Gefühl der Fremdheit entsteht der totenmagische Affekt. Vor allem uns gänzlich Fremdem packt uns ein Schauer. ...
Schicksalsballade ist die dritte wesentliche Gruppe von Balladen, die aus numinosem Erleben entstanden sind. In Sturm und Drang und Romantik waren, entsprechend dem neuentwickelten irrationalen Lebensgefühl, die magischen Balladen aufgekommen. Im Laufe des 19. Jahrhunderts entwickelte sich die Schicksalsballade. Vor allem in ihrer besonderen Form der historischen Schicksalsballade. Hebbels Wendepunktdramen sind aus der gleichen Sicht entstanden. ...
Das Numinose dieser Gruppe ruht auf höherer Ebene als das der magischen Balladen. Es ist von den Vorstellungen entwikkelter Religionssysteme bestimmt. Gott oder Götter werden häufig Träger des Schicksals. Aus der Wechselbeziehung zwischen Mensch und Gott entsteht die Handlung. ...
Mit den numinosen Arten ist die psychologische Problem-Ballade verwandt. Schauer und geheimnisvolle Stimmungen sind auch für sie bezeichnend. Doch sind die Affekte jetzt durch rätselhafte Erscheinungen des Seelenlebens bedingt. Das entspricht dem Zug zur Psychologisierung, der auch in der übrigen Balladendichtung des 19./20. Jahrhunderts festzustellen ist. Natur- und vor allem totenmagische Motive werden nun immer wieder ins Psychische verschoben.

(aus: Der Deutschunterricht, Bd. 8, Heft 4)

68 Walter Hinck: Die deutsche Ballade von Bürger bis Brecht

Fassen wir noch einmal zusammen. In der *nordischen* Ballade überwiegt die auffahrende, unbesonnene, aggressive, kämpferische und anstürmende Haltung zum Schicksal, zur Welt, zum menschlichen Gegenüber. Die Unversöhnlichkeit der Gegensätze und die heroische Unbedingtheit trägt in sich den Keim zum „tragischen" Ende. Zum Teil bleibt der Zusammenhang mit dem Heldenzeitlied und dem alten Heldenlied erkennbar. (Werden biblische Stoffe übernommen, entstammen sie dem Alten Testament.) Atmosphärisch bestimmend ist zumeist eine dunkle, neblige, nächtliche oder zerrissene Landschaft. Tritt die Natur dem Menschen handelnd gegenüber, wird sie als unheimlich, bedrohlich, feindlich erlebt. Magische und dämonische Kräfte verkörpern sich in Geistern oder Elementarwesen, die Verhängnis bewirken. Eine irrationalistische und vorwissenschaftliche Weltsicht benutzt (und variiert) zu ihrem künstlerischen Ausdruck mit Vorliebe mythologische Elemente, Elemente eines überformten Heidentums, wie sie durch Volkssagen überliefert sind.

Demgegenüber verstehen wir zwar die *legendenhafte* Ballade nicht als eine nur von christlichen – und sei es auch von überformten christlichen – Elementen geprägte Ballade; auch wollen wir den Begriff nicht auf Balladen mit religiösen Stoffen eingrenzen. Dennoch kann hier Christliches als das Vermittelnde gelten. Die in der legendenhaften Ballade überwiegende Gebärdensprache und Haltung weist ihrem Ursprung nach in den Bereich der vorder-, süd- und ostasiatischen Kulturen und Religionen, denen auch die christliche zugehört und deren Weltverständnis und menschliche Grundhaltungen erst das Christentum in unserm Kulturkreis vertraut gemacht hat. Für die menschliche Figur der *legendenhaften* Ballade kennzeichnend ist eine gelassene, im Erdulden standhafte, opferwillige oder kontemplative, weise Haltung zur Welt und zum Schicksal, Demut gegenüber dem Göttlichen oder die innere Kraft der Selbstüberwindung, im zwischenmenschlichen Bereich die Haltung liebender Hingabe und Hilfsbereitschaft oder märtyrerhaften Leidens.

Der Mensch-Natur-Antagonismus spielt hier so gut wie keine Rolle. Was in der *nordischen* Ballade als Kampf, ereignet sich in der *legendenhaften* Ballade als Passion. Während dort der Geist der Unbedingtheit und Unversöhnlichkeit das Geschehen zum Verhängnis treibt, bleibt hier die Dichtung für den Erbarmensappell und das Gnademotiv offen.

(aus: Walter Hinck, Die deutsche Ballade von Bürger bis Brecht)

69 Winfried Freund: Deutsche Balladen. Der funktionale Aspekt

Eine Typologie ganz anderer Art ergibt sich, wenn man nicht mehr nach den Themen, sondern nach der Art der persönlich verarbeiteten Geschichtserfahrung und der literarischen Wirkungsabsicht fragt. Die Entstehung der Kunstballade fällt in eine Periode weiterhin andauernder absolutistischer Herrschaft auf der einen und steigenden bürgerlichen Selbstbewußtseins auf der anderen Seite. Gottfried August Bürger sieht in ihr die Chance zur Etablierung eines Kleinepos ..., nachdem die Versuche, das große Epos nachzugestalten, als gescheitert angesehen werden konnten. Das Epos in der Tradition Homers und Vergils wurde getragen von dem handelnden aristokratischen Helden, für ihn fehlten im Bürgertum in der Tat alle Voraussetzungen. Das balladische Kleinepos bot demgegenüber die Möglichkeit, die Handlungsversagungen des Bürgers angesichts der politischen Wirklichkeit des Absolutismus zu problematisieren. An die Stelle der epischen Vergegenwärtigung verändernden Handelns trat die balladische Projektion von Handlungsentwürfen. Nach dem Grad der Verinnerlichung bzw. des realgeschichtlichen Handlungswillens ergeben sich unterschiedliche Funktionstypen, die im Unterricht zur Bildung von Sequenzen genutzt werden können.

a) Der kompensatorische Funktionstyp

Die Unterdrückung des politischen Handlungswillens des Bürgers durch das absolutistische Herrschaftssystem, verstärkt noch durch die Restauration nach 1815 und durch die gescheiterte 48er Revolution, führte innerhalb der aktionsbestimmten Gattung der Ballade zur Gestaltung von Handlungssurrogaten. Fiktive Ersatzbildungen traten an die Stelle verändernden geschichtlichen Handelns. ...
Die kompensatorische Ballade entwickelte sich zum vorherrschenden Funktionstyp mit wechselnden psychischen Verarbeitungsmustern.

aa) Der Projektionstyp

...
In dem Maße, wie sich der Bürger seiner Handlungsohnmacht bewußt wird, projiziert er seinen unterdrückten Handlungswillen auf fiktive Aktionsträger. ...

ab) Der Sublimierungstyp

...
Insbesondere Annette von Droste-Hülshoff hat einen Balladentyp hervorgebracht, der geprägt ist von dem Versuch, die auf Selbstverwirklichung hindrängenden Aktivitäten des einzelnen zu Tätigkeiten zu sublimieren, die mit den normativen Erwartungen der Restaurationsgesellschaft übereinstimmen. ...
Kollektive und christliche Normerwartungen engen den Handlungsspielraum des einzelnen zunehmend ein und führen über die Sublimierung zu einer Identifikation mit den allgemeinen gesellschaftlichen Erwartungen.

ac) Der Isolationstyp

...
Dem Projektionstyp entgegengesetzt sind solche Balladen, in denen der einzelne vor den realen Enttäuschungen in eine außergesellschaftliche Welt flüchtet, die sich in der Regel als gefühlsbestimmte, fiktive Fluchtwelt darbietet. Das Individuum versagt sich der erwarteten Integration und sucht sein Heil in einer problematischen Vereinzelung. ...

b) Der didaktische Funktionstyp

In der Klassik und in Phasen der Neuorientierung an klassischer Humanität läßt sich ein didaktischer Balladentyp ausmachen, der vor allem vom Glauben an die menschliche Lernfähigkeit getragen wird. Über die Erkenntnis psychisch-existentieller bzw. geschichtlich-gesellschaftlicher Konfliktquellen soll der Mensch zur Einsicht in seine Eigenverantwortung und zur Aufklärung über sich selbst geführt werden. Der didaktische Balladentyp geht von der optimistischen Überzeugung aus, daß die Freiheit und das Glück des einzelnen in erster Linie von seiner Selbsterkenntnis abhängen. ...
Beispielhaft ist dieser Typ von Goethe gestaltet worden.
...
Schiller wendet sich in seinen Ideenballaden im Unterschied zu Goethe mehr den geschichtlichen Wirkkräften zu. In der Einschätzung des über alle Maßen glücklichen Polykrates spiegelt sich die Skepsis verinnerlichter bürgerlicher Ethik gegenüber einem offenbar nur äußeren Glück auf der Seite des Herrschers wider. Das Glück des Menschen liegt nach bürgerlicher Entsagungsethik weniger in der Erfüllung materieller Wünsche als vielmehr in der inneren Übereinstimmung des einzelnen mit sich selbst. ...

c) Der defätistische Funktionstyp

Wo die Einsicht in die reale Wirkungslosigkeit der Handlungssurrogate wächst und das Vertrauen auf die Lernfähigkeit des Menschen schwindet, nehmen die Ohnmachtsgefühle vor den realgeschichtlichen Handlungsversagungen zwangsläufig zu und führen in die Resignation und zu einer Art von Katastrophenbewußtsein. Es entsteht ein defätistischer Funktionstyp. ...

d) Der appellative Funktionstyp

Heinrich Heine, Ferdinand Freiligrath und Georg Weerth begründen in der Geschichtsphase des Vormärz einen Balladentyp, der unter Verzicht auf Kompensationen und idealistische Verhaltensmuster sowie in Abkehr von resignativen Bewußtseinseinhaltungen den Leser zu veränderndem Denken und Handeln aufruft. Eine politische Wende kann nur durch das konkrete Geschichtshandeln des zur Erkenntnis gelangten Subjekts herbeigeführt werden. Diese Überzeugung liegt dem appellativen Balladentyp zugrunde, der sich kritisch negierend, ironisierend und protestierend auflehnt gegen die Unterdrükkung des Menschen durch den Menschen und der den Leser auf dialektischem Wege herausfordern möchte, verändernd in die politisch-gesellschaftliche Welt einzugreifen. Der Mensch und seine Verhältnisse wenden sich nicht allein zum Guten, wenn der einzelne erkennt, seine Erkenntnis muß sich vielmehr im Handeln bewähren. Der appellative Funktionstyp hat die moderne Ballade entscheidend geprägt und den Fortbestand der Gattung in einer Zeit wachsenden kritischen Bewußtseins erst ermöglicht. ...

Sowohl Heines frühe Ballade *Belsazar* als auch die Ballade *Maria Antoinette* aus dem „Romanzero" richten sich gegen die repressive, anachronistische Adelsherrschaft der Restaurationsepoche und plädieren in historisch verfremdender bzw. parodistischer Weise an den Leser, eine politische Wende herbeizuführen. ...

Der appellativen Ballade geht es ausnahmslos um die Beseitigung von Herrschaftsmaßnahmen, seien sie nun begründet im absolutistischen System der Restauration, in der Entfremdung durch die ökonomischen Zwänge des Industriezeitalters, im Fortbestand traditioneller Autoritäten, in der kriegerischen Aggression oder in der kolonialistischen Ausbeutung. Der Leser soll jeweils über die Einsicht zu veränderndem Eintreten für humanere Lebensbedingungen ermutigt werden, in denen die Unterdrückung des Menschen weitgehend aufgehoben ist.

(aus: Winfried Freund, Deutsche Balladen)

70 Friedrich Hassenstein: Die deutsche Ballade. Einteilung nach Erzählmustern

Eine weitere Möglichkeit der Klassifizierung bietet die Tatsache, daß Balladen epische Texte sind, die demnach mit Formen und Arten der Prosa-Erzählkunst verglichen werden können. Dabei handelt es sich vor allem um die oft als „Einfache Formen" bezeichneten traditionellen Kurzformen der Erzählung. Ein Beispiel ist die Legende, deren Namen Hinck zur Bezeichnung seines zweiten Grundmodells benutzte, ohne sich an die übliche Gattungsdefinition zu halten. Begriffe wie „Legendenballade", „Sagenballade", „Anekdotenballade" tauchen immer wieder in den Darstellungen auf, wenn auch mit Kategorien aus anderen Ebenen vermischt. Hier soll versucht werden, mit Hilfe der Terminologie für die kleinen Erzählformen ein übersichtliches und widerspruchsfreies Begriffsfeld für Balladenarten abzustecken, zumal die prägende Kraft der „kleinen Formen“ so groß ist, daß sie für den größten Teil der Balladen als „Erzählmuster“ gelten dürfen.

Sagenballade

Was Hinck „nordische Ballade“ nannte, läßt sich zwanglos als „Sagenballade“ bezeichnen. Seine Beschreibung der Inhalte und Töne der „nordischen“ Ballade entspricht der, die für Inhalte und Töne der Volks- und Heldensage üblich ist. Der sonst mit Recht betonte Unterschied zwischen den beiden „Sage“ genannten Gattungen ist an dieser Stelle überbrückt.
Bei Kämpchen war die Unterscheidung insofern gewahrt, als er die „numinose“ von der „Heldenballade“ abgrenzte. Die Unterteilung der ersteren in „naturmagische“, „totenmagische“ und „Schicksalsballade“ macht die Übereinstimmung mit parallelen Inhalten der Volkssage evident. ...
Wie schon gesagt: Was für die dämonologischen Sagen als Vorlagen für numinose und Schicksalsballaden zutrifft, gilt auch für andere Arten der Volkssage. Es handelt sich vor allem um Lokalsagen, die an ein historisches Ereignis erinnern *(Die Weiber von Weinsberg)* oder auf ihre „vorwissenschaftliche“ Art etwas erklären wollen, z.B. warum eine Burg versunken oder eine Hafenstadt im Meer verschwunden ist. Züge der dämonologischen Orts- und Erklärungssage treffen oft zusammen, so im *Rattenfänger von Hameln* oder im *Riesenspielzeug*. Diese beiden Beispiele zeigen zugleich die Nähe der historischen Sage, denn der *Rattenfänger* erinnert an ein datierbares Ereignis, das *Riesenspielzeug* an eine sozialgeschichtliche Wende. Von den Balladen nach historischen Volkssagen sind viele auch nur anekdotisch oder gar idyllisch („Herr Heinrich saß am Vogelherd...“), doch besteht, wie etwa Uhlands *Schwäbische Kunde* zeigt, ein gleitender Übergang zu den Balladen, die von den unerhörten Taten und Leiden der Kriegshelden erzählen. Diese „Heldensagenballaden“ beziehen ihre Stoffe nicht nur aus der vaterländischen Überlieferung, sondern auch aus der germanischen, der homerischen, der alttestamentlichen Sagenwelt, und ob Simson in Gaza oder Andreas Hofer „zu Mantua in Banden“ liegt, macht für den Balladenton keinen großen Unterschied. ...
Die Sagenballade ist eine Art unter anderen, auch wenn ihr immer wieder in Produktion und Reflexion ein solches Übergewicht zugeteilt wurde, daß ihre Gleichsetzung mit „Ballade“ schlechthin und der Bedeutungsinhalt des Adjektivs „balladesk“ die Folge waren. Das hat zum vorübergehenden Mißkredit der ganzen Gattung geführt, läßt sich aber historisch erklären und könnte Anlaß sein, der „Sagenballade“ durch den Gebrauch dieses spezifizierenden Begriffs, der im Gegensatz zu „numinos“ und „nordisch“ auch nicht durch Konnotationen belastet ist, den Stellenwert im Gefüge der Gattung zuzuweisen, der ihr zukommt.

Anekdotenballade, Novellenballade, Chronikballade

Sagen erzählen, was erzählenswert ist, und erzählenswert ist, was „unerhört“, also noch nicht gehört ist, was Neugier und Sensationslust befriedigt, die Phantasie beschäftigt, zum Nachdenken anregt. Während sich die Sage mit dem Unerhörten abmüht, weil sie von ihm „betroffen“ ist und es bewältigen möchte, bleiben die Erzählmuster der Anekdote und der Novelle zum Erzählten in größerem Abstand. Bekanntlich heißt „Anekdote“ soviel wie „Noch-nicht-Veröffentlichtes“ und „Novelle" „Neuigkeit", was auf die Verwandtschaft der beiden Erzählmuster hinweist; gemeinsam ist ihnen, daß ihre Erzählweise den Eindruck des Selbstzwecks weckt. Unterschiede betreffen die Quantität des Erzählens; die Anekdote erzählt eine kurze, klar umrissene, zielstrebig auf eine Pointe zueilende Geschichte, die vor allem deswegen interessant ist, weil sie das Wesen eines Menschen oder einer Menschengruppe (Berufsstand, Volksstamm u. ä.) blitzartig erhellt. Das Überraschende, oft Erheiternde, bisweilen auch Rührende oder Erschütternde der Pointe besteht in einem Verhalten oder Tun, häufiger aber in einer Rede des Erzählhelden, einer „schlagenden Antwort". Die Anekdote stellt einen Anspruch auf Glaubwürdigkeit, was sie in die Nähe der Sage rückt, während sie sonst eher wie die Keimzelle einer Novelle wirkt.

Im Vergleich zur Anekdote neigt die Novelle zu größerer Entfaltung ihres Erzählstoffs, aber in ihrer klassischen Form war auch sie einsträngig und durch einen Spannungsbogen klar strukturiert. Höhe- bzw. Wendepunkt und Schlußpointe können zusammenfallen; in umfangreicheren Texten treten sie auseinander. Auch in der Novelle geht es um das Überraschende, Außergewöhnliche, um seiner selbst willen Erzählenswerte, mit Goethes Worten um eine „unerhörte Begebenheit". Wenn die Novelle das Nicht-Besondere, das Alltägliche erzählt, tut sie es aus einer besonderen Perspektive; sie taucht es in ein Licht, in dem sich das scheinbar Nicht-Erzählenswerte eben doch als erzählenswert erweist. ...

Der Rahmen der Novellenzyklen von Boccaccio und Goethe fingiert die Situation der „Erzählrunde", in welcher der Anekdoten- und Novellenerzähler sein Publikum unterhält und in Spannung versetzt. Die Verwandtschaft eines solchen Erzählers mit dem Balladensänger ist offenkundig. Anekdotische und novellistische Erzählstoffe sind so strukturiert und präsentieren sich in einer solchen Sprache, daß der Bezug zwischen Erzähler und Publikum auch im Medium der Schrift gewahrt bleibt; um so müheloser läßt er sich im mündlichen Vortrag aktualisieren. Das gilt erst recht, wenn das Erzählte in Verse gefaßt ist, so daß klangliche und rhythmische Effekte, wenn nicht sogar musikalische Darbietung den Eindruck des Erzählten potenzieren. So kann es nicht verwundern, daß viele Balladen versifizierte Anekdoten und (Kurz-)Novellen sind.

Die Begriffe „Anekdotenballade" und „Novellenballade" bzw. „anekdotische" und „novellistische" Ballade sind denn auch immer wieder in der wissenschaftlichen Literatur aufgetaucht, wenn auch nicht im Zusammenhang einer Erzählmuster-Systematik. ...

Wenn sich selbstzweckhaftes Erzählen schlichter Berichtsprache bedient, statt die Register der Balladenkunst zu ziehen, mochte das früher, etwa beim „Zeitungslied", Folge der Unbeholfenheit des verseschmiedenden Chronisten sein. In neuer Zeit benutzen Balladendichter bisweilen einen solchen „Chronikstil", um einem Inhalt auf der Folie scheinbarer sprachlicher Simplizität besonderen Nachdruck zu verleihen. So spricht Hinck vom „Chronistenstil" Bertolt Brechts, „der jeglichen Ausdruck der eigenen emotionalen Anteilnahme im Zaum hält und die Tatsachen und Ereignisse selber sprechen läßt." ... Bei diesen Dichtern ist die Sprache von Bericht und Chronik, Protokoll und Dokumentation also nur scheinbar Ausdruck von „Sachlichkeit" oder gar zweckfreiem Erzählen; in Wahrheit handelt es sich um einen kontrastiven Balladenstil als Hintergrund für Anklage und Appell. ...

Parabelballade, Exempelballade, Legendenballade

Wenn sich ein Erzählinhalt, anstatt in sich zu ruhen, als transparent erweist und auf eine höhere Ebene hindeutet, ist er nicht mehr nur selbstzweckhaft anekdotisch oder novellistisch, sondern tendiert zur Parabel oder zur Exempelgeschichte. Ein Leser, dem diese zweite Ebene nicht in den Blick gerät, verfehlt den Sinn des Textes. So ginge es bekanntlich dem Leser einer Fabel, der diese als bloße Tiergeschichte verstünde. Insofern ist die Fabel eine Unterart der Parabel, und was sie erzählt, steht stellvertretend, also als Exempel, für etwas Allgemeines. Das exemplarische Verhalten der Fabelfigur dient zur Warnung oder als Vorbild, zumindest der Erkenntnis: „So ist es nun einmal im Leben!“ Da auch für viele Volkssagen gilt, daß sie Warn- oder Leitbilder aufstellen, kennt die Volkskunde den Begriff „Exempelsage“. Die Legende läßt sich als christliche Sage verstehen, die mit dem Wunderbaren, wovon sie erzählt, Exempel für die imitatio Christi aufstellt oder das himmlische Strafgericht über die Bösen warnend ins Bild setzt. Die Erzählmuster „Parabel“, „Fabel“, „Exempel“ und „Legende“ sind gewiß nicht identisch, doch wenn man sie Revue passieren läßt, zeigen sie einen Grad der Verwandtschaft, der es gestattet, im Hinblick auf die Ballade von ihrem Gemeinsamen auszugehen. Dieses besteht darin, daß der Hörer oder Leser einer solchen Erzählung oder einer Ballade, die ihrem Muster folgt, gehalten ist, die Übertragung vom Erzählten zu dessen „Bedeutung“ oder „Moral“, von der Bild- zur Sinn-Ebene zu leisten, wobei ihm der Erzähler durch explizite Hinweise im Text helfen kann, aber nicht muß.

Die Tatsache, daß Schiller einer unserer Balladenklassiker ist, obwohl seine Texte so wenig mit dem *Edward* oder dem *Erlkönig* gemeinsam haben, hat die Balladentheoretiker immer wieder darüber nachdenken lassen, wie man seinen Balladentyp benennen kann. Neben „Anekdoten“- und „Novellenballade“ sind Namen vorgeschlagen worden, die das Lyrische oder das Dramatische hervorheben. ...

Andere haben mit der Bezeichnung „Ideenballade“ den philosophischen Gehalt Schiller'scher Balladen zum Merkmal erhoben, wodurch wiederum die vom Dichter selbst betonte Bedeutung des „Effekts“ beim Vortrag zu kurz kommt. ...

Das terminologische Problem scheint lösbar zu sein, wenn man Schillers Balladen als Exempel versteht, die mehr oder weniger zur Parabel tendieren. ...

Hinck hat Schillers Balladen wegen ihres humanistischen Ideengehalts den „legendenhaften“ Balladen zugeordnet, und nicht nur bei ihm wird dieses Wort fast im gleichen Sinn wie Exempel oder Parabel gebraucht. Die Dichter selbst haben das Ihrige dazu beigetragen, indem sie parabolische Balladen, auch wenn sie nichts mit christlichen Vorstellungen zu tun haben, als „Legenden“ firmierten; Beispiele sind Goethes „indische Legenden“ *(Der Gott und die Bajadere, Paria)* und die „Legenden“ Bertolt Brechts, von der *vom toten Soldaten* bis zu der *von der Entstehung des Buches Taoteking auf dem Weg des Laotse in die Emigration.* Damit sind ein weiterer und ein engerer Legenden-Begriff zu unterscheiden. „Legendenballaden“ im engeren Sinn der christlichen Exempel- und Wundergeschichten sind z. B. *Die Gottesmauer* von Brentano und *Die Wallfahrt nach Kevlaar* von Heine. ... Ein einfacher gemeinsamer Nenner für alle Balladen, denen die Muster von Parabel, Exempel und Legende zu Grunde liegen, könnte deren gemeinsame Intention sein, belehren zu wollen. Insofern könnte man den Terminus „Didaktische Ballade" vorschlagen, doch der alte Gattungsname „Didaktik" für lehrhafte Dichtung ist im Zeitalter der pädagogischen Fachdisziplin „Didaktik" unbrauchbar geworden. ...

Schwankballade; satirische, parodistische, groteske Ballade

Eines der ältesten Erzählmuster beinahe aller Literaturen, auch der deutschen, ist der Schwank. Mittelhochdeutsche Schwankerzählungen in Versen gibt es in großer Zahl, und ein beträchtlicher Teil der überkommenen Volksballaden sind Schwankballaden. Daß versifizierte Schwänke im Gegensatz etwa zu versifizierten Fabeln seit der Etablierung des Balladenbegriffs unter diesem Dach Platz gefunden haben, erklärt sich vor allem daraus, daß sich unter Percys *Reliques* auch Schwänke befanden, von denen Bürger u.a. *Der Kaiser und der Abt* nachgedichtet hat. ... So gibt es seit dem Anfang der Kunstballade neben ihren ernsthaften Arten eine ebensowenig unterbrochene Tradition der komischen Ballade mit verschiedenen Unterarten, so daß diese nicht erst wiederbelebt werden mußte, als zu Beginn der literarischen Moderne Wedekind, Holz und Morgenstern die Bühne betraten.

... „Schwank" bedeutet etymologisch soviel wie Schwung, Hieb, Streich, wobei der Doppelsinn von „Streich", der Uhland zur Pointe seiner *Schwäbischen Kunde* („Schwabenstreiche") verhalf, aufschlußreich ist. Ein Streich, bestehe er nun in einer Handlung oder einer „schlagenden" Antwort, kann sowohl von besonderer Schlauheit wie von besonderer Dummheit zeugen, in beiden Fällen durchbricht er Normen des Gewohnten und Erwarteten. So etwas bereitet Hörern und Lesern Vergnügen, weil sie sich selbst, wenn auch vorübergehend und illusionär, vom Druck der Normen entlastet fühlen, oft auch Schadenfreude genießen dürfen. Normen, die von Schwankhelden durchbrochen werden, sind solche des Anstands und der Ständeordnung (Eulenspiegel), der Kirchenautorität (Pfaffenschwänke), der Geschlechterrollen und Ehe (Ehebruchsschwänke), aber auch der Sprachkonventionen (Eulenspiegel), der Logik (Schildbürger, Münchhausen) und der allgemeinen Welterfahrung („verkehrte Welt" wie z.B. Schlaraffenland). ...

Als moderne Sproßform des Schwanks kann der Witz verstanden werden, der in seiner knappen und abstrakten Art noch mehr als der zur Situationskomik neigende Schwank auf die Normen des Sprechens und Denkens zielt. Zu entscheiden, ob hinter einer Ballade, die mit einer „schlagenden" Antwort endet, das Erzählmuster des Schwanks oder des Witzes sichtbar wird, ist oft schwierig, zumal ein weiterer geltender Übergang in Richtung Anekdotenballade besteht, wenn die Pointe die Eigenart einer Person oder Personengruppe auf verblüffende oder erheiternde Art enthüllt.

Nicht minder gleitend ist der Übergang zum Satirischen, Parodistischen und Grotesken. Dies sind Elemente, die selbständig oder in den verschiedensten Mischungen zum Komischen der Schwankballade hinzutreten und es so überformen können, daß von satirischen, parodistischen oder grotesken Balladen zu reden ist. Schon die Rezeption der Bänkelballade durch die „Komische Romanze" war durch Beimischung der drei Elemente gekennzeichnet. ...

In Goethes Gedichtwerk findet sich eine bunte Vielfalt komischer Balladen, die keineswegs alle in der entsprechenden Rubrik der Gesamtausgabe untergebracht sind. ...

Zu Beginn der literarischen Moderne gewann die satirische, parodistische und groteske Ballade ihre gesellschaftskritische Schärfe zurück. Seit Wedekind und Brecht, den großen Vorbildern, bedient sich eine große Zahl deutscher Versdichter der Bänkel- und Moritatenkomik, des Witzes und der Groteske, um die Ballade als Mittel der Polemik und des Protestes gegen gesellschaftliche Mißstände einzusetzen, wenn nicht sogar der Verzweiflung über Sinn- und Hoffnungslosigkeit des gegenwärtigen Weltzustands. Auch die Ballade selbst wurde immer wieder zum Objekt satirischer Angriffe. Nachdem eine Mode alberner Kurz-Travestien klassischer Balladen überwunden war („Dieses sehen ganz alleine/Kraniche mit lange Beine ..."), meldeten sich Parodisten zu Wort, die sich gezielt gegen die anachronistische Wiederbelebung traditioneller Balladenkunst wandten. Robert Neumanns *Der von Trawerz – eine Ballade nach Börris von Münchhausen* ist heute bekannter als das, was Zielscheibe seines Spottes war. Sich selbst genügendes heiteres Spiel mit den Traditionen und Möglichkeiten des Erzählens in Versen ist heute vor allem Sache der Balladendichter, die für Kinder schreiben.

(aus: Friedrich Hassenstein, Die deutsche Ballade)

71 Günter Grass: Die Ballade von der schwarzen Wolke

Im Sand,
den die Maurer gelassen hatten,
brütete eine Henne.

Von links,
von dort kam auch immer die Eisenbahn,
zog auf eine schwarze Wolke.

Makellos war die Henne
und hatte fleißig vom Kalk gegessen,
den gleichfalls die Maurer gelassen hatten.

Die Wolke aber nährte sich selber,
ging von sich aus
und blieb dennoch geballt.

Ernst und behutsam
ist das Verhältnis
zwischen der Henne und ihren Eiern.

Als die schwarze Wolke
über der makellosen Henne stand,
verhielt sie, wie Wolken verhalten.

Doch es verhielt auch die Henne,
wie Hennen verhalten,
wenn über ihnen Wolken verhalten.

Dieses Verhältnis aber
bemerkte ich,
der ich hinter dem Schuppen der Maurer stand.

Nein, fuhr kein Blitz
aus der Wolke
und reichte der Henne die Hand.

Kein Habicht nicht,
der aus der Wolke
in makellos Federn fiel.

Von links nach rechts,
wie es die Eisenbahn tat,
zog hin die Wolke, verkleinerte sich.

Und niemand wird jemals gewiß sein,
was jenen vier Eiern
unter der Henne, unter der Wolke,

im Sand der Maurer geschah.

(aus: Günter Grass, Gleisdreieck)

72 Christian Morgenstern: Das Huhn

In der Bahnhofshalle, nicht für es gebaut,
geht ein Huhn
hin und her...
Wo, wo ist der Herr Stationsvorsteh'r?
Wird dem Huhn
man nichts tun?
Hoffen wir es! Sagen wir es laut:
daß ihm unsre Sympathie gehört,
selbst an dieser Stätte, wo es – ‚stört'!

(aus: Christian Morgenstern, Gesammelte Werke in einem Band)

73 Walter Müller-Seidel: Die Deutsche Ballade. Umrisse ihrer Geschichte

Gattungen der Literatur tauchen auf und verschwinden. Sie haben ihre Geschichte. Es sieht ganz so aus, als habe die Ballade in Deutschland ihre Geschichte gehabt. Im literarischen Gespräch der Gegenwart ist wenig von ihr die Rede. Es ist still geworden um sie. Auch die abwertenden Äußerungen fehlen nicht. Mit der Gebärde der Geringschätzigkeit erwähnt sie Gottfried Benn, indem er sie mit dem historischen Roman auf eine Stufe stellt. Seine Vorbehalte sind deutlich. Sie sind nicht vereinzelt, und es hat keinen Sinn, sich darüber zu täuschen. Wir müssen es vielmehr, um ehrlich zu sein, aussprechen: unser Verhältnis zur Ballade ist gestört. Die deutsche Geschichte ist nicht spurlos an der Geschichte dieser Gattung vorübergegangen. Ihre „Deutschheit" ist einer der störenden Faktoren. Es ist nicht der einzige.

(aus: Hirschenauer, Rupert / Weber, Albrecht, Wege zum Gedicht, Bd. 2)

74 Heinz Piontek: Neue deutsche Erzählgedichte. Vorwort

Der Erste Weltkrieg machte dem platten Heldengesang den Garaus. Die Ernüchterung, die den Überlebenden totenblaß ins Gesicht geschrieben stand, war so allgemein, daß sich unsere Dichter den Hang zur Ballade nur zögernd wieder eingestanden, nach einer Weile aber auf breiter Linie mit neuartigen Versuchen einsetzten. Am eindrucksvollsten trat der junge Brecht hervor. Ihn halte ich für den eigentlichen Erneuerer der Ballade, die wir fortan Erzählgedicht nennen wollen.
Dieses Wort, dem englischen *narrative poem* nachgebildet, möchten wir nicht al-

lein auf die Experimente mit Balladenformen anwenden, vielmehr damit auch alle jene Versuche bezeichnen, die neu auf erzählerischen Elementen aufbauen. Denn ist es schon immer sehr heikel gewesen, die Ballade rigoros von den ihr nahestehenden lyrisch-epischen Mustern zu trennen, so wird es jetzt nahezu unmöglich. Der Bruch mit der Konvention der Ballade bedeutet ein schier unersättliches Aufnehmen und Verarbeiten verschiedenster literarischer – nicht bloß lyrischer – Praktiken. Ernüchterung ist Besinnung auf die Prosa des Lebens. Hier im Erzählgedicht unserer Zeit bezieht man sich nun wortwörtlich auf sie; von der Prosa her kommt man zu folgenreichen poetischen Ergebnissen.

Daß Bert Brecht das epische Theater konstruierte, ist bekannt. Daß er parallel dazu eine epische Lyrik schuf, hat uns, soweit ich sehe, noch niemand klargemacht. Brechts umfangreiches lyrisches Œuvre ist durch und durch episch. Ja, man kann ohne Übertreibung sagen, er habe überhaupt nur Erzählgedichte geschrieben. Bis in seine politischen Lehr- und Propagandaverse hinein ist seine epische „Gesinnung" zu spüren: die Überzeugung von der eminenten Bedeutung der Fabel. Für Brecht war und blieb die Fabel die wichtigste Form der Wahrheitsfindung.

... Der Zusammenbruch im Jahre 1945 fegte die letzten Anachronisten mit ihren Balladen auf alte Art von der Bildfläche. Der neuen Generation, die nun ihre Stimme erhob, erschien allein das Wort Ballade so anrüchig, daß sie sich hütete, es in den Mund zu nehmen. Allmählich jedoch kehrte die Courage wieder, man kam auf die Erzählgedichte der Älteren zu sprechen, machte eigene Versuche, bestärkt von den *narrative poems* der Angelsachsen, den Romanzen der Spanier. ...

Was ist nun ein modernes Erzählgedicht genau? Ich möchte es nicht mit einer Formel aufspießen, sondern nach Möglichkeit anhand von Hinweisen auf Dichter und Gedichte meiner Sammlung andeuten. Zunächst bleiben Grundelemente der Ballade weiter verwendungsfähig. In Brittings Bethlehem-Gedichten sind sie noch am deutlichsten zu erkennen: der kurze gedrungene Vers, der Chronikton, der sagenhafte Glanz von Pferden und Rüstungen, die geheimnisvolle Geburt. Pure geschichtliche Stoffe finden wir in heutigen Erzählgedichten höchst selten. Auch Brecht zog die Legende der Historie vor, so in seinen unzerstörbaren Versen auf den Emigranten Laotse, wo wir das spezifisch Brechtische sehr rein und vollkommen vor Augen haben. Es ist sein Verdienst, daß er durch den Rückgriff auf den Bänkelsang, aber auch durch seine Vorliebe für den zeitgemäßen Song das balladenhafte Gedicht aus der Versteinerung erlöste, so daß es wieder heftig nach Musik verlangte (und sie erhielt, wo es als Einlage für Brechts Bühnenstücke diente). Der neue Moritatenton wird in verschiedenen Klangfarben hörbar: großstädtisch-ironisch (Kästner), deftig (Zuckmayer), witzig-zärtlich (Ringelnatz), parodistisch (Rühmkorf), absurd, grotesk (Arp und Grass), kaschemmentraurig (Fuchs), politisch (Reinig). Es ist das Gedicht mit dem antibürgerlichen Effekt, das Schreck- und Scheuchengedicht, das direkt provozieren möchte. Die liedhafte Form wird hier noch sehr häufig gewahrt mit Reim, Rhythmus, Refrain. Andererseits sind Stücke darunter, die sich vom Nur-Erzählenden ausgerechnet am weitesten entfernt haben. Ich habe ihnen dennoch Platz verschafft, weil ihre Herkunft eindeutig ist.

Ansonsten wird der Leser bald merken, daß die Korona der Jüngeren ihre Erzählgedichte nicht eben oft liedhaft anlegt. Im Gegenteil, ein Zug zum Ungereimten, zum Parlando setzt sich immer stärker bei ihnen durch. Vielfach tritt an die Stelle

des „Ich“ ein prosaisch unauffälliges „Er“, das gelegentlich, etwa bei Krolow, durch nichts näher bezeichnet wird, eine anonyme Figur löst den Helden ab, ein Mann ohne Eigenschaften. Weiter wird der erzählerische Charakter durch den Gebrauch des Imperfekts unmißverständlich hervorgekehrt. Wo man dennoch auf dem „Ich“ und dem Präsens beharrt, trägt man seinen Stoff gern in einem „inneren Monolog“ vor (Benn „Gewisse Lebensabende“).
Wir sind hier an einem wichtigen Punkt angelangt. Die Neuerungen der modernen Epik haben im Erzählgedicht zahlreiche Entsprechungen gefunden. Die Sachlichkeit und Genauigkeit der Berichterstattung, die Hinwendung zum Alltäglichen, die Tendenz, möglichst ohne das große Ach und Oh der Beschwörung auszukommen, das Aussparen des Dramatischen, der negative Held, die Verwerfung der Chronologie: all das, was der moderne Epiker für unumgänglich hält, begegnet uns abermals im Erzählgedicht. Manches Poem wird sich auf den ersten Blick nur durch die Versgliederung von bloßer Prosa abheben. ...
Aber nun: Wovon erzählen die neuen deutschen Erzählgedichte eigentlich? Den Vorwurf, sie seien kühl und eitel mit ihren eigenen ästhetischen Problemen beschäftigt, kann man ihnen weiß Gott nicht machen. Diese Dichtung ist engagiert. Sie nimmt den Menschen ernst. (Ohne ihm das Spiel zu verderben.) Sie nimmt sich seines privaten wie seines gesellschaftlichen Schicksals an.

(aus: Heinz Piontek, Neue deutsche Erzählgedichte)

75 Heinz Graefe: Das deutsche Erzählgedicht im 20. Jahrhundert

Die lyrisch-balladeske und die pathetisch-balladeske Stilisierung des Balladengeschehens sind darauf ausgerichtet, die Distanz zwischen dem Gegenstand und dem Hörer abzubauen. Der Vortragende ist unmittelbar betroffen und bewegt und will den Hörer zum emotionellen Mitschwingen veranlassen oder seine affektische Zustimmung erzwingen.
Anders das Erzählgedicht. Hier soll der Hörer intellektuell überzeugt werden. Der Sprecher zielt darauf ab, die epische Distanz herzustellen und zu erhalten. Appelle an das Gefühl sind zwar auch im Erzählgedicht möglich, aber sie haben, wie z.B. die Bitte um Erbarmen, die der Sprecher in Brechts ‚Von der Kindesmörderin Marie Farrar‘ jeweils am Strophenende äußert, mittelbare Funktion. Brechts Erzähler will den Zuhörer oder Leser veranlassen, seine emotionelle Einstellung zu überwinden; er soll die vorschnelle moralische Entrüstung aufgeben und statt dessen die gesellschaftlichen Hintergründe analysieren. Die Ballade bestätigt die Gefühle des Zuhörers, das Erzählgedicht fordert ihn auf, seine Gefühle der Kontrolle des Verstands, der kritischen Reflexion, zu unterziehen. Er soll dabei die Vorurteile, die hinter den Gefühlen stehen, erkennen und überwinden.
Das Pathos ist ein Darstellungsmittel des dramatischen Stils. Überhaupt liegt in der äußeren oder inneren Dramatik des Balladengeschehens der wesentliche Unterschied zum Erzählgedicht. ...
Die Ballade führt eine bewegte und bewegende Handlung vor, das Erzählgedicht

entwirft eine Geschehensfolge, die der Sprecher berichtet oder reportageartig mitteilt. Die Ballade reißt den Hörer in eine Handlung hinein, das Erzählgedicht läßt ihn zum Beobachter eines Geschehens werden. Die Ballade bewirkt eine gespannte, das Erzählgedicht eine entspannte Haltung des Hörers oder Lesers. Dramatisch-spannende Funktion hat z. B. die vom Tyrannen gesetzte Frist in Schillers ‚Die Bürgschaft' oder der durch den Ausbruch des Feuers verursachte Wettlauf gegen die Uhr („noch zwanzig Minuten bis Buffalo" usw.) in Fontanes ‚John Maynard'. Häufig wird die Antizipation als spannungerzeugendes Gestaltungsmittel eingesetzt. Vgl. die erste Zeile von Uhlands ‚Die Jagd von Winchester': „König Wilhelm hat einen schweren Traum", in der sich der tödliche Ausgang schon ankündigt, wobei die gespannte Ungewißheit des Lesers dadurch erhöht wird, daß der Erzähler den Trauminhalt nicht mitteilt. Demgegenüber hat die Antizipation im Erzählgedicht entspannende Funktion. In Brechts ‚Taoteking'-Gedicht und in Huchels ‚Bericht' nimmt die Überschrift, in Wedekinds ‚Der Tantenmörder' nimmt die erste Zeile den Inhalt und Ausgang des Geschehens vorweg.

(aus: Heinz Graefe, Das deutsche Erzählgedicht im 20. Jahrhundert)

76 Karl Riha: Moritat – Song – Bänkelsang

Sicher geraten um die Jahrhundertwende die poetischen Gattungen, wie sie das neunzehnte Jahrhundert geprägt hatte, in die Krise, werden parodiert und einer allgemeinen Kritik unterworfen, dennoch kann von einer abgeschlossenen Geschichte der Ballade oder davon, daß es im literarischen Gespräch der Gegenwart still um sie geworden sei, ebensowenig die Rede sein wie von einer abgeschlossenen Geschichte des Romans oder Dramas. Im Gegenteil: gerade in der Blütezeit der antiquierten Balladendichtung einer Lulu von Strauß und Torney, eines Börries von Münchhausen und einer Agnes Miegel, die Benn mit seiner „Gebärde der Geringschätzigkeit" zu Recht trifft und abwertet, setzt in Deutschland eine Erneuerung der Ballade ein, die der allgemeinen Revolution von Lyrik, Epik und Dramatik parallelläuft und heute noch andauert. Sie beginnt bei Arno Holz und Frank Wedekind und hat bekanntlich in Bertolt Brecht ihren bedeutendsten Verfechter gefunden; doch Brecht, den die Balladen-Anthologien der letzten Jahre gerade noch registrieren, steht nicht allein. Die Suche nach neuen inhaltlichen oder formalen Möglichkeiten der Ballade reicht von der Kabarettpoesie des ersten Jahrhundertjahrzehnts bis zur ‚Gebrauchslyrik' der zwanziger Jahre, von Morgensterns Groteskpoesie und der expressionistischen Lyrik vor dem Ersten Weltkrieg bis in die unmittelbare literarische Gegenwart, so daß man in der Tat von einer Geschichte der modernen Ballade sprechen darf. ... Während die epigonalen Balladendichter diese große Tradition der deutschen Kunstballade zu konservieren suchten, aber dabei nur zum dünnen Ende einer betont nationalen und ‚völkischen' Literatur drehten, besannen sich die modernen Balladendichter auf ‚vorklassische' und ‚außerklassische' Exempel ihrer Gattung; Entdeckungen und Muster jenseits der

Landesgrenzen und jenseits der bisherigen Übereinkunft halfen zu frischen Impulsen. ...
Wichtiger noch als diese Orientierung an fremdliterarischen Balladenbeispielen wurde allerdings der Rückgriff auf Moritat, Song, Couplet und Bänkelsang. Bei dieser ,unstandesgemäßen' Heirat verband sich die moderne Ballade mit balladesken Darbietungen der Trivialliteratur, die – weitgehend unabhängig von der hohen Dichtung – im neunzehnten Jahrhundert nur unterströmig vegetierten, ja zum Teil überhaupt erst entstanden und jedenfalls ohne größeres literarisches Renommee waren. ...
Der Niedergang des historischen Bänkelsangs und seine Literarisierung durch moderne Autoren fallen zeitlich etwa zusammen. Zwar hatte es während des ganzen neunzehnten Jahrhunderts immer wieder literarische Anleihen bei den Moritatensängern gegeben, doch blieb man dabei fast ausschließlich im Bereich der Parodie, des poetischen Ulks und distanzierte sich in der Übertreibung der komischen Momente. Nicht so die modernen Moritatensänger: obwohl auch sie nur zum Schein in das Gewand des spektakulären Lärmbruders schlüpften und dessen Inventar, das aus Podest, Schaubild und Zeigestock besteht, nur kabarettistisch nutzten, identifizierten sie sich doch mit dem trivialen Gehalt und der trivialen Form ihrer Muster, die ihrer eigenen ,trivialen', antipathetischen Weltsicht ebenso entgegenkamen wie dem literarischen Protest, den sie beabsichtigten. Gegen den Kitsch der Butzenscheibenromantik, gegen die stark artifizielle und übersensible Lyrik des Jugendstils und der Neuromantik propagierten sie eine ,proletarische' Poesie, suchten Wirksamkeit beim breiten Publikum und nicht nur bei ästhetisierenden Zirkeln; sie wollten schockieren, vor den Kopf stoßen, brüskieren. In diesem Sinn wird der Rückgriff auf Moritat und Bänkelsang – erstmals programmatisch vorgetragen durch Arno Holz und Frank Wedekind – Kernstück der modernen deutschen Ballade, um das sich freilich rasch andere, differenziertere und diffizilere Versuche gruppieren. ...
So wenig eine Roman- oder Dramentypologie die modernen Erscheinungsformen von Roman und Drama ausklammern kann, wenn sie einen umfassenden und nicht nur einen speziellen, zeitbedingten Begriff dieser Gattungen geben will, so wenig kann eine Balladentypologie auf die moderne Ballade verzichten. Sehen wir also – zugunsten der Texte selbst – davon ab, einen ,klassischen' Balladentyp zu konstruieren; die formalen Möglichkeiten der Ballade sind nicht an Ideologie und Weltbild der Helden- oder Schicksalsballade gebunden, sondern freie Kräfte, die auch dort wirksam sind, wo Fatum in Fatalität, Pathos in Komik umschlägt, wo der negative Held, wo Trivialität und Groteske herrschen. ...
Die Moderne hat das Verdienst, die Ballade aus ihrer Isolation erlöst und wieder zum vollen Teilhaber der Literatur gemacht zu haben; seit Holz und Wedekind partizipiert die Ballade wieder an den Stoff- und Strukturwandlungen in Epik, Lyrik und Dramatik: diese Teilhabe des Genres an den modernen Erscheinungsformen der poetischen Gattungen soll hier im einzelnen dargestellt werden. Morgenstern öffnete dieser Ballade den weiten und für die Moderne so entscheidenden Bereich der Groteskpoesie, Heym führte sie auf die Höhe der expressionistischen Verskunst, Brechts Balladen stellen neben den Gedichten Gottfried Benns einen Gipfel deutscher Verskunst zwischen 1920 und 1930 dar. Die Kabarettballade der zwanziger Jahre ist politisch engagiert und tendiert zur Gesellschaftskritik; zeitgenössische Balladenau-

toren wie H. C. Artmann, Raoul Tranchirer und Günter Grass dagegen betonen das artistische Moment, nehmen die Ballade als ‚Spielform' und zielen auf eine surrealistische Bildlichkeit. ... Wohl zum wichtigsten Teil, aber eben nur zum Teil ruht die Renaissance der Ballade im zwanzigsten Jahrhundert auf völlig neuen Voraussetzungen; über dem Neueinsatz darf man nicht vergessen, daß auch für die modernen Balladenautoren die Balladendichtung der beiden vorhergegangenen Jahrhunderte – die Klassiker, Heines Romanzen, Brentano, Mörike, die Droste, Fontane – ein Erbe bleibt, das zwar umfunktioniert wird und Gegenmodelle provoziert, aber dennoch wirksam ist. Und bei allen Unterschieden zwischen Schiller und Brecht ist es wohl doch ein gleicher Impetus, der einen wie den anderen neben seinem Dramenschaffen zur Ballade drängte.

(aus: Karl Riha, Moritat – Song – Bänkelsang)

77 Gunter E. Grimm: Gedichte und Interpretationen. Deutsche Balladen.

Einleitung

Neuere wissenschaftliche Reflexionen stellen die Ballade zu Recht in den sozialen Kontext, betonen die Notwendigkeit formaler und gehaltlicher Aktualität und erweitern den Balladenbegriff grundsätzlich in Richtung Bänkelsang, Kabarettpoesie, politisches Chanson, Zeitungslied, Moritat, Couplet, politisch engagiertes Lied und Protestsong. Mag mit der Ausweitung zwar eine gewisse Unschärfe des Balladen-Begriffs verbunden sein, so zeugt diese Tendenz doch von der Entwicklungsfähigkeit einer nur scheinbar abgestorbenen Gattung. Das provokative Diktum Walter Müller-Seidels von 1968, der Spielraum der Gattung Kunstballade liege abgeschlossen vor uns, hat sich nicht bewahrheitet. Im Gegenteil, dem schon genannten „Balladenjahr" 1975 mit Publikationen von Friedrich Christian Delius, Helga M. Novak, Hans Carl Artmann und Hans Magnus Enzensberger sind Poeten und Liedermacher wie Christa Reinig, Ror Wolf, Wolf Biermann, Franz Josef Degenhardt, Günter Grass, Günter Kunert, Peter Hacks, Walter Mossmann und andere gefolgt. Von einem Absterben der Gattung kann also keine Rede sein, wohl aber von einer ganz entscheidenden Modifizierung ihrer Machart.
Das alte Personal, die Hexen und Zauberer, die Könige und Ritter, die Helden jeglicher Standescouleur haben ausgedient. Rasselnd und schimpfend, kämpfend und blutend, leidend und duldend, haben sie mittlerweile selbst einen Platz in der Gerümpelkammer der Poesie gefunden. Zeugnis zwar der Gattungstradition, sind sie kein lebendiger Bestandteil einer sich weiterentwickelnden Dichtart. Von diesem geradezu ins Komische abgedrängten Personal her gesehen, ist die Geschichte

der Ballade als die Geschichte einer fortwährenden Erneuerung zwingend vorgeschrieben. Thematische Aktualität und soziale Verankerung sind die notwendigen Stützpfeiler, die Garantien ihrer Lebendigkeit. Die Helden kehren wieder auf den Boden der Gegenwart zurück, ihre Probleme gehen uns alle etwas an. Bürger, der Stammvater der deutschen Kunstballade, hat die Ballade als „Volkspoesie“ verstanden wissen wollen. Erst heute kehren die Balladenschreiber zu dieser Auffassung zurück, wenn auch unter veränderten formalen und sozialen Bedingungen. Die Balladen der Protestsänger und Liedermacher sind „Volksdichtung“, in bewußtem Gegensatz zur hermetischen Elitelyrik; gegen deren „Schreibe“, die erst nach intensiver Interpretation ihren Sinn erschließt, setzen sie gesungenes Wort und „Rede“, die auf Anhieb verstanden werden sollen. Der soziale Charakter moderner Balladendichtung, ihre Aufmüpfigkeit und Verwendbarkeit in den politischen und ideologischen Flügelkämpfen der Gegenwart, legitimiert die erneute interpretatorische Annäherung an das vielgeschmähte, oft schon totgesagte und immer wieder quicklebendige Genre.

(aus: Gunter E. Grimm, Gedichte und Interpretationen. Deutsche Balladen)

Quellenverzeichnis

1 Chamisso, Adelbert von: Sämtliche Werke. Bd. 1. Darmstadt (Wissenschaftliche Buchgesellschaft) 1975, S. 335f.

2 Holzschnitt zu Chamissos Ballade nach einer Zeichnung von Theobald von Oer. In: Deutsches Balladenbuch. Leipzig (Wegand-Verlag) [3]1861. S. 246 (Verlag erloschen, Rechtsnachfolger unbekannt)

3 Brüder Grimm: Deutsche Sagen. Darmstadt (Wissenschaftliche Buchgesellschaft) 1971. S. 46f.

4 Goethes Werke. Bd. 3. Hrsg. v. Erich Trunz (Hamburger Ausgabe). München (Verlag C. H. Beck) [10]1974. S. 276–279

5 Lukian: Sämtliche Werke. Bd. 1. Nach der Übersetzung von C. M. Wieland, bearbeitet und ergänzt von Hanns Floerke. (= Klassiker des Altertums, 1. Reihe, Bd. 7. Hrsg. von Heinrich Conrad) Berlin (Propyläen-Verlag) [2]1922. S. 172f.

6 vgl. 4. S. 288f.

7 Bächthold-Stäubli, H. (Hrsg.): Handwörterbuch des deutschen Aberglaubens. Bd. 8. Berlin, Leipzig (Verlag de Gruyter) 1927–1942. Sp. 1098–1100

8 Holzschnitt Totentanz aus Hartmann Schedels „Weltchronik", vollständige Ausgabe 1493. Lindau (Antiqua Verlag GmbH)

9 Petzoldt, Leander (Hrsg.): Deutsche Volkssagen. München (Verlag C. H. Beck) 1970. S. 107

10 Fontane, Theodor: Sämtliche Werke. Bd. 20 (Balladen und Gedichte). Hrsg. von Edgar Groß. München (Nymphenburger Verlagshaus) 1962. S. 79–81

11 Dahlmann, Friedrich Christoph: Geschichte von Dänemark. Bd. 1. Hamburg (Perthes Verlag) 1840. S. 72

12 Brecht, Bertolt: Gesammelte Werke in 20 Bänden. Bd. 9. Frankfurt (Suhrkamp Verlag) 1967. S. 645f.

13 Wachter, Christian: Bericht über den Flugversuch. Aus: Handschriftliche Chronik des Christian Wachter. Verein für Kunst und Altertum in Ulm und Oberschwaben. Zitiert nach: Lesebuch schwarz auf weiß, Bd. 7. Hannover (Schroedel Verlag) 1979. S. 203

14 Droste-Hülshoff, Annette von: Historisch-kritische Ausgabe. Bd. 1. Hrsg. von Winfried Woesler. Tübingen (Niemeyer Verlag) 1985. S. 67f.

15 vgl. 14. Bd. 5 (Prosa). Teil 1 (Text). Bearbeitet von Walter Huge. Tübingen (Niemeyer Verlag) 1978. S. 71

16 vgl. 10. S. 165f.

17 In: Nürnberger Nachrichten vom 24. 3. 1983. S. 3. Rechte bei Associated Press GmbH, Frankfurt

18 Holzstich der Brücke am Tay, 1879. © bpk, Berlin

19 Shakespeares Werke. Englisch und deutsch. Bd. 11: Macbeth. Timon von Athen (= Tempel-Klassiker). Deutsch von Ludwig Tieck. Berlin und Leipzig (Tempel Verlag) um 1925

20 vgl. 10. S. 167–169

21 In: Zürcherische Freitagszeitung vom 2. und 9. Januar 1880

22 In: Süddeutsche Zeitung vom 26. 9. 1989. S. 56

23 Schiller, Friedrich: Sämtliche Werke. Bd. 3. Hrsg. von Jost Perfahl. München (Winkler Verlag) 1975. S. 351–354

24 vgl. 12. S. 611

25 Heine, Heinrich: Werke. Bd. 1. Hrsg. von Stuart Atkins. München (C. H. Beck'sche Verlagsbuchhandlung) 1973. S. 106–108

26 In: Süddeutsche Zeitung vom 27. 12. 1989. S. 3

27 Altes Testament, Buch Daniel, Kap. 5

28 © Gustav Kilpper Verlag 1955

29 vgl. 14. S. 280–283

30 Herders Werke. Bd. 2. Hrsg. von Theodor Matthias. (Meyers Klassiker Ausgaben) Leipzig und Wien (Bibliographisches Institut) 1903. S. 29–31

31 Herder, Johann Gottfried: Auszug aus einem Briefwechsel über Oßian und die Lieder alter Völker. In: Herder, Goethe, Frisi, Möser: Von deutscher Art und Kunst. Einige fliegende Blätter. Hrsg. von Hans Dietrich Irmscher. Stuttgart (Reclam Verlag) 1977. S. 7–62. Zuerst: Hamburg 1773

32 Gottfried August Bürgers sämtliche Werke in vier Teilen. Hrsg. von Wolfgang von Wurzbach. 1. Teil. Leipzig (Verlag Hesse & Becker) 1924. S. 118–124

33 vgl. 8. S. 107

34 Aus: Schöne, Albrecht: Gottfried August Bürger, „Lenore". In: Wiese, Benno von: Die deutsche Lyrik, Bd. 1. Düsseldorf (August Bagel Verlag) 1964. S. 190–210

35 Zusammengestellt aus: Schöne, Albrecht: Bürgers „Lenore". In: Deutsche Vierteljahresschrift für Literaturwissenschaft und Geistesgeschichte, Bd. 28. Stuttgart (Niemeyer Verlag) 1954. S. 324–344

36 Kaim-Kloock, Lore: Gottfried August Bürger. Zum Problem der Volkstümlichkeit in der Lyrik. Berlin (Rütten & Loening) 1963. 186–200

37 Freund, Winfried: Die deutsche Ballade. Theorie, Analysen, Didaktik. Paderborn (Ferdinand Schöningh Verlag) 1978. S. 19–25

38 vgl. 4. S. 154f.

39 vgl. 28. S. 407–409

40 vgl. 4. Bd. 3. S. 41f.

41 vgl. 4. S. 400

42 Brentano, Clemens: Werke. Bd. 1. München (Hanser Verlag) 1963. S. 112–115

43 Eichendorff, Joseph von: Werke. Bd. 1. Hrsg. von Jost Perfahl. München (Winkler Verlag) 1970. S. 315

44 vgl. 24. S. 160f.

45 Kästner, Erich: Gesammelte Schriften in 7 Bänden. Bd. 1 (Gedichte). Köln (Verlag Kiepenheuer & Witsch) 1959. S. 231f.

46 vgl. 24. Bd. 2. S. 917f.

47 Kaethe Kollwitz † 1945, Der Weberzug, © VG Bild-Kunst, Bonn, 1991

48 Schwab-Felisch, Hans: „Die Weber" – ein Spiegel des 19. Jahrhunderts. In: ders (Hrsg.): Gerhart Hauptmann, Die Weber. Frankfurt (Ullstein Verlag) 1963. S. 77–86 (Schwab-Felisch

beruft sich in erster Linie auf: Schneer, Alexander: Über die Noth der Leinen-Arbeiter in Schlesien und die Mittel ihr abzuhelfen. Berlin 1844)

49 Hofmannsthal, Hugo von: Gesammelte Werke in Einzelausgaben. Bd. 1 (Gedichte und lyrische Dramen). Hrsg. von Herbert Steiner. Frankfurt (Suhrkamp Verlag) 1952. S. 16

50 Münchhausen, Börries Freiherr von: Das dichterische Werk in zwei Bänden. Ausgabe letzter Hand. Bd. 1. Stuttgart (Deutsche Verlags-Anstalt) 1950. S. 376f.

51 Neumann, Robert: Mit fremden Federn. Parodien. München (Verlag Kurt Desch) 1952. S. 47f.

52 Wedekind, Frank: Ausgewählte Werke in fünf Bänden. Bd. 1. Hrsg. von Fritz Strich. München (Müller Verlag) 1924. S. 24f.

53 Petzoldt, Leander: Bänkelsang. Vom historischen Bänkelsang zum literarischen Chanson. Sammlung Metzler Bd. 130. Stuttgart (Metzler Verlag) 1974. S. 1–93

54 Petzoldt, Leander: Die freudlose Muse. Texte, Lieder, Bilder zum historischen Bänkelsang. Stuttgart (Metzler Verlag) 1978. S. 22 und 23

55 Braungart, Wolfgang (Hrsg.): Bänkelsang. Texte – Bilder – Kommentare. Stuttgart (Reclam Verlag) 1985. S. 29–33

56 Aus: Bräutigam, Kurt: Zugänge zum sozialkritischen und politischen Gedicht. Freiburg (Herder Verlag) 1977. S. 105f.

57 Arnold, Heinz Ludwig (Hrsg.): Franz Josef Degenhardt. Politische Lieder 1964–1972. München (Richard Boorberg Verlag) 1972. S. 19–25

58 Biermann, Wolf: Die Drahtharfe. Balladen – Gedichte – Lieder. Berlin (Wagenbach) 1965. S. 10 und 11

59 Jäger, Manfred: „Frische Musenmilch und bitterer Wahrheitssaft“. Ein Rückblick auf Biermanns frühe Jahre im Lichte heutiger Erfahrungen. In: Arnold, Heinz Ludwig (Hrsg.): Wolf Biermann. München (edition text und kritik GmbH) 1975. S. 94–109

60 Karikatur von Horst Haitzinger aus dem Jahr 1976. München.

61 vgl. 12. S. 660–663

62 Chinesische Zeichnung. Aus: Kesting, Marianne: Bertolt Brecht. Rowohlts Monographien. Hamburg (Rowohlt Verlag) 1985. S. 84

63 Lao-Dse: Führung und Kraft aus der Ewigkeit. Aus dem chinesischen Urtext übertragen von Erwin Rousselle. Wiesbaden (Insel Verlag) 1952. S. 53f.

64 vgl. 12. Bd. 18. S. 229f.

65 Pratz, Fritz: Moderne Balladen. Frankfurt (Fischer Taschenbuch Verlag) 1967. S. 136f.

66 Kunze, Karl/Oberländer, Heinz (Hrsg.): Grundwissen Deutsche Literatur. Stuttgart (Klett Verlag) 1979. S. V 31

67 Kämpchen, Paul L.: Von den Typen der deutschen Ballade. In: Der Deutschunterricht, Bd. 8 (1956), Heft 4. S. 5–13

68 Hinck, Walter: Die deutsche Ballade von Bürger bis Brecht. Kritik und Versuch einer Neuorientierung. Göttingen (Vandenhoeck Verlag) 1968. S. 16f.

69 Freund, Winfried (Hrsg.): Deutsche Balladen. Arbeitstexte für den Unterricht. Stuttgart (Reclam Verlag) 1982. S. 115–123

70 Hassenstein, Friedrich: Die deutsche Ballade. Grundlagen und Beispiele (Sekundarstufe 1). Hannover (Schroedel Verlag) 1986. S. 40–51

71 Grass, Günter: Gleisdreieck. Darmstadt, Berlin, Neuwied (Luchterhand Verlag) 1960. S. 23f.

72 Morgenstern, Christian: Gesammelte Werke in einem Band. Hrsg. von Margareta Morgenstern. München (Piper Verlag) 1965. S. 206f.

73 Müller-Seidel, Walter: Die deutsche Ballade. Umrisse ihrer Geschichte. In: Hirschenauer, Rubert / Weber, Albrecht: Wege zum Gedicht. Bd. 2. (Interpretationen von Balladen). München und Zürich (Schnell und Steiner Verlag). S. 17

74 Piontek, Heinz (Hrsg.): Neue deutsche Erzählgedichte. Vorwort. Stuttgart (Deutsche Verlagsanstalt) 1964. S. 8–12

75 Graefe, Heinz: Das deutsche Erzählgedicht im 20. Jahrhundert. Frankfurt (Thesen Verlag) 1972. S. 135

76 Riha, Karl: Moritat – Song – Bänkelsang. Zur Geschichte der modernen Ballade. Göttingen (Verlag Sachse & Pohl) 1965. S. 7–15

77 Grimm, Gunter E. (Hrsg.): Gedichte und Interpretationen. Deutsche Balladen. Einleitung. Stuttgart (Reclam Verlag) 1988. S. 21–23